王智平　李建民　著

大学文化论

Daxue Wenhualun

中国社会科学出版社

图书在版编目（CIP）数据

大学文化论 / 王智平，李建民著．—北京：中国社会科学出版社，2009.8

ISBN 978－7－5004－8186－7

Ⅰ．大…　Ⅱ．①王…②李…　Ⅲ．高等学校－校园－文化－研究－中国　Ⅳ．G647

中国版本图书馆 CIP 数据核字（2009）第 167415 号

出版策划　任　明
特邀编辑　乔继堂
责任校对　石春梅
技术编辑　李　建

出版发行　中国社会科学出版社
社　　址　北京鼓楼西大街甲 158 号　　邮　编　100720
电　　话　010－84029450（邮购）
网　　址　http：//www.csspw.cn
经　　销　新华书店
印　　刷　北京奥隆印刷厂　　装　订　广增装订厂
版　　次　2009 年 8 月第 1 版　　印　次　2009 年 8 月第 1 次印刷
开　　本　710×1000　1/16
印　　张　15　　插　页　2
字　　数　246 千字
定　　价　28.00 元

凡购买中国社会科学出版社图书，如有质量问题请与本社发行部联系调换

目　录

大学文化是大学的灵魂，大学精神是大学文化的核心和灵魂，大学理念是大学文化的发展航向。研究大学文化，是大学实施战略管理的需要，是大学增强核心竞争力的需要，是实施素质教育的需要，也是大学创新、发展和传播先进文化的需要。

第一章　绪　论

大学，就其本质而言就是一种文化机构。大学的出现，就是为了传承文化、传播文化和创新文化，通过对文化的传承、传播和创新，促使受教育者社会化、个性化和文明化，从而塑造出德、智、体、美等全面发展的人。

我国关于大学文化的研究肇始于20世纪90年代初期，其缘由在于我国20世纪80年代出现的文化热，这是一种带有文化反思和重构的思潮。20世纪90年代中期以来，人类社会正在或已经进入以政治多极化、经济全球化、文化多元化和信息网络化为主要特征的崭新时代。在这个崭新时代里，科学技术突飞猛进，知识经济扑面而来，经济全球化进程加快，文化与经济和政治的交互作用日益加深。此时，我国既面临着发展的巨大机遇，同时也面临着不少挑战。

大学作为一个民族文化积累、传播和创新的重要阵地，拥有学科齐全、精英荟萃和国际交流频繁的优势，有责任融会贯通古今中外文化成果，推动民族文化的创新和先进文化的发展。研究大学文化，有助于明确大学文化在我国文化建设中的重要地位和作用；有助于解析大学文化的形成、特点、作用和影响；有助于在中国优秀传统文化中汲取营养；有助于吸收国外大学的先进办学经验；有助于准确把握大学的本质、使命和责任，从而促进我国大学的和谐可持续发展和高素质人才的培养。

第一节　大学文化的概念、内涵与特征

有大学就有大学文化，不同大学的大学文化既有共性，也有着个性差异。目前，人们对于大学文化的认识和理解仍然未能达成一致。

要研究大学文化，首先必须弄清楚什么是大学文化，大学文化有哪些特征。要想弄清楚这些，必须对大学文化中的上位概念“文化”有个比较清晰的认识和理解。

一、关于“文化”的概念

文化是人们多年来一直不断探索的一个话题，它恐怕是人类语言中最难概括清楚内涵和外延的概念之一。有学者认为，文化是一种历史现象，每一类型的社会都有与其相适应的文化，并随着社会物质生产的发展而发展。它具有历史属性，即继承性和连续性。① 根据此种观点，我们将对文化的概念进行梳理，以期得到最能体现现代特征的文化概念。

“文化”一词拥有悠远的历史。在中国古代，《周礼》曰：“关乎人文以化天下”，南齐王融《曲承诗审》言：“设神理以景俗，敷文化以柔远”，晋代束皙《补亡》一诗中写道：“文化内辑，武功外悠”，这里的文化，指的都是文治和教化，与现代科学所指的文化一词有别。② 在西方，古希腊罗马时期，文化被理解为培养公民参加社会政治活动的能力；在启蒙运动时期法国启蒙思想家和德国古典哲学家将文化同人类理性的发展联系起来，以此区别于原始民族的“不开化”和“野蛮”。此时的文化观点，是资本主义发展需要在社会哲学思想上的反映。③ 到了现代，文化的内涵更加丰富，人们对于“文化”的理解更是“仁者见仁，智者见智”。

在国外，关于“文化”的定义富有代表性的主要有以下三种：英国人类学家爱德华·泰勒被称为文化人类学之父，他在《原始文化》中“关于文化的科学”一章中给出了这样的定义：文化，或文明，就其广泛的民族学意义来说，是包括全部的知识、信仰、艺术、道德、法律、风俗以及作为社会成员的人所掌握和接受的任何其他的才能和

① 丁钢：《大学：文化与内涵》，合肥工业大学出版社 2005 年版。

② 石伟：《组织文化》，复旦大学出版社 2004 年版。

③ 同上。

习惯的复合体。[①] 美国著名社会学家奥格本认为，一个文化包含许多发明或文化特征。这些要素整合为一个系统。在这个系统的各部分之间有不同程度的相关。文化之器用的特征和非器用的特征是围绕着人的需要而组织起来的。这些特征乃是文化的核心。一个文化内部的各种各样的建构相互联结起来形成一个模型，而这个模型是每个社会所独有的。[②] 英国著名诗人、文学和社会评论家马修·阿诺德认为，“文化”这个概念很微妙地包含了一种使人美好、高尚的东西，完美在每个社会中被认为是最优秀的因素。文化即对完美的追寻，是探究完美，追寻和谐的完美、普遍的完美；而且文化所构想的完美不是只拥有，只原地踏步，而是不断成长，不断转化。[③]

在我国，人们关于“文化”的理解，有代表性的有以下三种：《辞海》里对文化下的定义有两个，一个是“指人类在社会实践过程中所获得的物质、精神的生产能力和创造的物质财富和精神财富的总和”，这是广义的文化；一个是“指精神生产能力和精神产品。有时又专指教育、科学、文艺等方面的知识与设施”，这是狭义的文化。我国人类学家对文化比较一致的看法是：文化就是人们的生活方式和认识世界的方式；同时也将文化归为两种主要观点：一种是广义的，另一种是狭义的。广义的文化概念，包括人类通过后天的学习所掌握的各种思想和技巧，以及用这种思想和技巧创造出来的物质文明和制度文明，而狭义的概念仅将文化限定于精神领域。[④] 张岱年等学者认为，文化是人类在处理人和世界关系中所采取的精神活动与实践活动的方式及其所创造出来的物质和精神成果的总和，是活动方式和活动成果的辩证统一。[⑤]

综上可知，文化是一个历史概念，从民族角度来看，不同民族的

---

① ［英］爱德华·泰勒：《原始文化》，上海文艺出版社 1992 年版。

② 转引自殷海光《中国文化的展望》，上海三联书店 2002 年版。

③ ［英］马修·阿诺德：《文化与无政府状态——政治与社会批评》，生活·读书·新知三联书店 2002 年版。

④ 石伟：《组织文化》，复旦大学出版社 2004 年版。

⑤ 张岱年、程宜山：《中国文化与文化论争》，中国人民大学出版社 1990 年版。

文化既有“共性”，亦有“个性”，是共性与个性的统一。文化的概念会随着社会的发展而发展。时至今日并没有一个统一的表述，有关文化定义的研究和争论仍在继续。

我们倾向于从广义的角度来看待文化，它是人类在社会历史发展过程中所创造的物质财富和精神财富的总和，它包括人类通过后天的学习所掌握的各种思想和技巧，是活动方式和活动成果的辩证统一。

二、大学文化的内涵

目前，人们包括学者们对于大学文化的理解可谓五花八门。为了能够对大学文化有一个较为科学的认识，我们有必要在明确“文化”定义的基础上对有关大学文化的概念进行梳理。对于“大学文化”有代表性的界定主要有以下几种。

从大学的基本属性或基本职能来理解，有学者认为，大学文化是由一个特殊的社会群体“大学人”在对知识进行传承、整理、交流和创新的过程中，形成的一种与大众文化或其他社会文化既相联系，又相区别的文化系统。[①] 有学者认为，大学文化是以大学为载体，通过历届师生的传承和创造，为大学所积累的物质成果和精神成果的总和。[②] 有学者认为，在一定意义上理解大学，可以说大学即文化。大学的教育与教学过程，实质上是一个有目的、有计划的文化过程。所谓教书育人、管理育人、服务育人、环境育人，说到底都是文化育人。[③]

从文化学的角度来理解，有学者认为，大学文化是从属于社会主导文化的亚文化，它依附于主导文化，衍生于主导文化，具有不同于主导文化的异质性。[④] 有学者认为，大学文化就是亚文化的一种，属

---

① 谢和平：《大学文化、大学精神与川大精神》，载《光明日报》2004 年 1 月 26 日。

② 赵存生、方惠坚、郑惠坚：《大学文化研究与建设》，载《中国图书评论》2002 年第 11 期。

③ 袁贵仁：《加强大学文化研究，推进大学文化建设》，载《中国大学教学》2003 年第 3 期。

④ 陈勇江：《当代中国大学文化的特殊本质及其内容》，载《南京航空航天大学学报》2003 年第 6 期。

青年文化的支脉，同时又具有学校文化综合性、教化性的鲜明特征，是围绕大学教育教学活动建立起来的一整套价值观念、行为方式、语言习惯、制度体系、知识符号、建筑风格的集合体。① 有学者认为，从文化分类的角度考察，我们可以界定大学文化是相对所有社会成员必须参与其间的普遍文化而言的一种主要是大学成员参与的特殊文化，即一种针对大学特殊群体而言的区域文化。②

从分类学的角度来理解，有学者认为，大学文化具有“类”的概念以及“个体”的概念两层含义。③ “类”的概念是指关于大学的文化，表明其产生于大学，与大学相互依存，虽然与社会有密切的联系，但只能生存并适用于大学这个活动区间。大学文化所包含的所有内容都离不开大学这个主体，并依附于大学的概念之上。“个体”的概念是指大学内的文化，是一种个体的概念，意指某一大学个体的文化，是大学文化个性化的一面。因此，可以说大学文化是共性与个性相统一的概念。

综上可知，由于学者们研究的视角不同，他们对大学文化的界定也就不同；即使是同一视角，学者们对大学文化亦有不同的看法。在此基础上，我们对大学文化可以形成以下认识：大学文化是社会文化的一种亚文化，它既有社会文化的共性，亦有大学文化的特殊性，是共性与特殊性相统一的一个概念；同时，每所大学的大学文化既有大学文化的共性，亦有自身的特殊性。大学文化是以大学为载体，“大学人”在对知识进行传承、整理、交流和创新的过程中，形成的一种与大众文化或其他社会文化既相联系，又相区别的文化系统，它衍生于社会主导文化，又具有不同于主导文化的异质性，它是围绕大学主要功能——育人和科研而建立起来的一整套价值观念、行为方式、制度体系、建筑风格等的集合体。大学文化在继承原有文化精华的基础上，不断创新和发展着自身，它是推动大学持续发展的动力，亦是培

---

① 李国霖：《社会蜕变中的台湾学校文化》，福建教育出版社 1995 年版。

② 眭依凡：《关于大学文化的理性思考》，载《清华大学教育研究》2004 年第 1 期。

③ 于留成、李爱民：《大学文化构建与高校可持续发展》，载《中国高教研究》2004 年第 4 期。

养优秀人才的有效方式和手段。

值得指出的是，大学文化和大学校园文化是两个不同的概念。这主要表现在以下四个方面：（1）从研究开始时间来看，“大学校园文化”这个词出现较早，相关研究也较多，“大学文化”这个提法出现较晚，相关研究在20世纪90年代初期才逐步受到重视，相关研究较少；（2）从研究本质来看，大学校园文化与大学文化在许多地方，其内涵是一致的，但也存在不一致的地方，如大学校园文化和大学生文化、大学生活文化等的含义更为接近，二者相比，大学文化内容更为丰富，并有助于从总体上发展大学的文化；（3）使用大学文化更能体现大学这种文化的历史传承性，比如很多学校在历史上数易其址，但其文化却是一脉相承、延续至今的，而此时大学校园文化的提法则显得具有局限性；（4）随着大学教育进入大众化时代，大学与社会的互动关系将更为密切，大学文化的影响已经远远超出了校园，大学文化的发展和研究必须考虑到社会的发展，用大学文化比用校园文化更为准确。所以，我们认为，用大学文化这个词来概括大学的文化更为确切。因此，本书在研究大学的文化时使用大学文化这个概念，而非大学校园文化这个概念。当然，以前关于大学校园文化的研究对于发展大学文化和研究大学文化是具有重要借鉴意义的，在某种程度上可以说大学校园文化研究是大学文化研究的前身，是大学文化研究的重要组成部分。

三、大学文化的组成

在明确了大学文化的内涵之后，为了研究的方便和深入，我们有必要搞清楚大学文化的组成部分有哪些？关于大学文化的组成，目前学术界并未达成统一的认识，归纳起来主要有以下几种具有代表性的观点和看法。

1. “二分说”。

将文化分为科学文化和人文文化两种。自大学产生至今，这两种文化总是在大学文化格局里角逐，力求保持自己的强势。

2. “三分说”。

将大学文化分为精神文化、物质文化和制度文化三个基本方面，三者形成了一个以精神文化为核心、制度文化居中、环境文化外在的，彼此相互依存、相互补充、相互强化，共同对学校教育发生影响的文化同心圆。

3. “四分说”。

有两种观点，一种观点认为大学文化主要包括精神文化、物质文化、制度文化和环境文化四个方面；另一种观点认为大学文化主要包括精神文化、制度文化、行为文化和环境文化四个方面。

4. “五分说”。

该观点认为大学文化主要包括以下五个方面：价值理念及其大学精神、大学形象、发展目标、规章制度、大学环境等。

5. “多分说”。

有学者认为，大学文化的基本内涵和要素包括以下八个应然因素：第一，大学应该有宽广美丽的校园；第二，大学文化应该是最富有批判精神的文化；第三，大学文化应该是以人为本的文化；第四，大学文化应该是以学术为中心的文化；第五，大学文化应该是多元的文化；第六，大学文化应该是一种开放的文化；第七，大学文化应该是一种超前性的文化；第八，大学文化应该是一种智慧的文化。①

综观对大学文化的各种划分方法，都有其优点。结合本书的研究主旨，本书倾向于“四分说”，即将大学文化分为精神文化、制度文化、行为文化和环境文化四个层面。

1. 大学精神文化。

大学精神文化是一所大学的思想观念系统，是大学人的理想、信念、价值目标和观念体系的总和。大学精神文化的内容主要包括大学的使命、大学的办学指导思想和办学理念；以校风、学风、教风、标语口号等形式表现出来的大学人的精神风貌；以校训、校徽、校歌、校旗等标志性符号表征出来的独具特色的大学精神传统。

2. 大学制度文化。

大学制度文化是在大学这个特定的组织环境内，大学的管理者制

① 刘自匪：《大学的文化思考》，载《交通高教研究》2003 年第 6 期。

定各种制度的理性原则、价值取向、道德标准、利益观念等一系列观念体系，以及由此而产生的制度体系及所有大学人对制度的理解与态度等。大学制度文化的内容主要包括国家有关高等教育的法律、法规和政策；地方教育法规；学校内部的各项规章制度等。

3. 大学行为文化。

大学行为文化是指大学人在教学、科研、管理、生活、学习等具有文化意义的实践活动中体现和创造的文化。大学行为文化的内容主要包括管理人员行为文化、教师行为文化和学生行为文化等。

4. 大学环境文化。

大学环境文化是大学文化的物化形态，是大学人生存和发展的物质条件。大学环境文化的内容主要包括大学的地理环境；大学的规划与布局；大学的文化传播载体与设施，等等。

大学文化的这四个层面相互联系，相互影响，相互促进，共同构建起了大学文化这个复杂的有机系统。

四、大学文化的特征

大学文化是社会文化的重要组成部分，它和社会其他文化有着紧密的联系，具有社会文化的一般特征。在此，我们主要分析作为大学文化的显著特征。大学文化的显著特征主要有：

1. 大学文化具有创新性。

创新是一个民族进步的灵魂，是一个国家兴旺发达的不竭动力；与此相似，创新也是推动大学不断进步的灵魂和不竭动力。大学拥有丰富的资源优势和人才优势，大学人站在创造、创新的前沿，通过努力不断地向社会提供科学研究成果，输送先进文化理念，推动人类文明进步；同时，大学还通过源源不断向社会输送具有创新精神的人才为社会发展作出贡献。

2. 大学文化具有自身的相对独立性。

大学文化虽然衍生于社会主导文化，受到社会文化的影响和制约，同时，大学文化又具有自身的相对独立性。保持大学文化的相对独立性，对于大学自身的发展和社会的发展来说都具有极其重要的意义。与其他文化相比，大学文化有一个特殊的文化源泉，那就是已有的大学文化成果，特别是那些在长期办学过程中积累起来的办学理念、办学思想、优秀校风等先进的大学文化成果。具体到每一所大学，大学文化都是在继承过去大学文化的基础上不断向前发展的，这使得每一所大学的大学文化都深深打上了自身特有的历史烙印。

3. 与其他文化相比，大学文化相对“较新”。

这主要表现在两个方面：一方面，从大学文化的产生来看，大学文化相对“较新”。人类文明历史悠久，中华文化源远流长，但是在世界范围内大学文化直至中世纪才产生，我国的大学文化更是到晚清才出现，作为我国社会主义的大学文化产生更是新中国成立以后的事情。另一方面，从作为大学文化主体之一的学生来看，是一些尚未进入社会的青年，他们是祖国的未来，但同时又都是“新人”。大学每年都有新的青年加盟，都会给大学带来新的思想、新的观点和新的问题，等等。这使得大学文化建设充满别的文化建设难以具备的新的生机、新的活力和新的动力。

此外，大学文化的创新功能也决定了大学文化与其他文化相比，相对“较新”。

4. 与其他文化相比，大学文化具有相对较高的文化品位。

大学是追求“真、善、美”的地方，这使得大学文化往往显示出较高的文化品位。大学的教职员工绝大多数都是社会精英，都经历过长期严格的学习训练，具有较高的知识文化层次、较高的文化创造能力和较强的文化欣赏鉴别能力，这使得他们对文化往往有较高的要求；大学生，不但具有良好的文化基础，而且正处于追求知识的旺盛期，有着强烈的求知欲望，并能积极投身到大学文化的创造和创新活动中，这使得他们对期待的文化也有着较高的要求。所以，从总体上来看，大学文化具有相对较高的文化品位。

5. 大学文化具有可持续发展性。

“世异则事异，事异则备变”，社会的发展对大学提出了越来越高的要求。大学要想在竞争中立于不败之地，必须依靠大学文化不断增强其吸引力，这是实现可持续发展的需要。大学文化是大学的根基和灵魂，如果没有大学文化的可持续发展，大学的可持续发展也就无从谈起，所以可持续发展是大学文化的主要特征之一。

大学文化建设要从两方面着手进行才能实现可持续发展，一方面是要立足传统，推陈出新；另一方面是要面向世界，博采众长。

第二节　研究大学文化的目的与意义

一个国家或地区，如果没有自己强势的文化就很难具有强大的综合竞争力；同样，一所大学如果缺乏富有个性特色的大学文化也就很难在竞争激烈的现代社会保持旺盛的生命力和强劲的发展态势。大学文化不仅反映着一所大学的办学理念、办学特色、历史文化传统和师生的精神风貌，而且还反映着一所大学长期发展的战略目标、群体意识、价值观念和行为规范。

大学文化是高校生存与发展的根基和灵魂，是衡量一所高校办学水平的重要尺度，也是一所高校实现和谐可持续发展的重要保证。随着我国综合国力的增强，现在的大学面貌已经有了很大的改观，随处可见偌大的校园，林立的校舍，先进的硬件设施和人头攒动的学生，等等；但是随着高等教育规模的扩大，许多大学都忽视了大学文化的建设和发展。著名教育家顾明远先生对此曾作过这样的评价：一般的大学尽管房子盖得很漂亮，硬件非常好，但总觉得缺少一种什么东西。这种东西就是文化的气氛。由于缺少这种文化的气息，因此难掩其文化的苍白之态。①

大学文化既包含先进文化、健康有益文化，也存在着一些保守、落后和腐朽文化。当前大学中存在的“衙门作风”、学商和抄袭、剽窃、粗制滥造等就是腐朽文化的表现，以至于有学者尖锐地指出，“大学庸俗化，危及我国学术的国际形象和地位，危及科教兴国战略的实施，危及大学文化的先进性”。又如教育教学改革、人事分配制

① 顾明远：《铸造大学的灵魂——一流大学建设的关键所在》，载《清华大学教育研究》2003 年第 3 期。

度改革等遇到的思想障碍，从某种意义上说保守文化的影响是主要因素。面对如此现实，深入研究大学文化，是摆在高等教育研究人员和高校管理者面前的一项重要课题。研究大学文化的重要性，主要表现在以下几个方面：

一、研究大学文化是大学实施战略管理的需要

随着时代的发展和竞争的日益激烈，战略管理在大学发展过程中日益受到重视。大学战略既是大学文化的组成部分，亦是大学文化的反映。大学战略管理发生于特定的大学文化之中，在很大程度上就是有什么样的大学文化，就会有什么样的战略管理。大学文化对战略管理的影响主要表现在以下三个方面。

1. 大学文化是大学制定战略管理规划的重要基础。

各个大学的大学精神、办学理念和人才培养方向等不同，就形成了不同的大学文化。一所大学的大学文化一旦形成，要对其进行变革，难度就会比较大。因此，大学战略管理的制定必须得考虑本校大学文化的实际，在对大学文化进行深入分析的基础上制定战略管理规划。如果没有对本校的大学文化给予充分考虑就制定大学战略规划，或者直接把别的大学行之有效的大学战略管理模式不加调整地照搬到自己的学校，势必造成战略实施的困难，甚至造成战略管理的失败。

2. 大学文化是大学实施战略管理的重要保证。

实施战略管理的过程就是一个全员参与的过程，大学文化作为一种集体意识，对大学人具有导向、约束、聚集、激励和辐射等作用，它统一着大学人的意志和欲望，呼唤着他们对组织的忠诚和信任，引导大学人的思想和行为朝着明确的既定方向发展，促进战略管理的实施。

3. 大学文化是评价大学战略管理实施效果的重要依据之一。

在大学战略管理评估和调整阶段，大学战略管理实施的效果如何，出现问题的原因是什么，如何据此对战略管理和实施进行调整，我们都要将大学文化作为考虑的重要因素。如果一所大学忽略其自身的大学文化，那么大学战略管理也将迷失方向，从而不利于自身的和

谐可持续发展。

从上面的分析可以看出，大学文化对大学战略管理的制定、实施和评价都起着非常重要的作用，要想实施战略管理就必须得考虑本校的实际、本校的大学文化。与此同时，大学战略管理的成功实施反过来又会促进大学文化的发展。

二、研究大学文化是增强大学核心竞争力的需要

改革开放以来，我国大学的生存环境已经发生了深刻的变化，大学之间的竞争也日益激烈，面对这种日益激烈的竞争环境，大学要实现可持续发展，必须不断增强自身的核心竞争力。大学文化是大学的根基和灵魂，是构建大学核心竞争力的核心要素，这主要体现在以下四个方面。

1. 大学精神文化是增强大学核心竞争力的动力。

大学精神文化是一所大学的思想观念系统，是大学人的理想、信念、价值目标和观念体系的总和。大学精神文化是学校师生员工在长期的实践活动中逐步形成并经概括、提炼而成的思想成果，集中体现了一所大学独特、鲜明的思想和个性风格，它在大学发展过程中起着鼓舞人心、凝聚人心、激发人的斗志的作用，它是增强大学核心竞争力的动力。

2. 大学制度文化是增强大学核心竞争力的有力保证。

大学制度文化是在大学这个特定的组织环境内，大学的管理者制定各种制度的理性原则、价值取向、道德标准、利益观念等一系列观念体系，由此而产生的制度体系及所有大学人对制度的理解与态度等。大学制度文化不仅能促进师生员工良好道德品行和价值观念的形成，而且能凝结为无需强制就能自然传承的文化传统，它是大学增强核心竞争力的有力保证。

3. 大学行为文化是增强大学核心竞争力的表现形式。

大学行为文化是指大学人在教学科研、学术交流、服务、管理、生活、学习等具有文化意义的实践活动中体现和创造的文化。大学行为文化是大学精神、价值观的反映，也是大学精神面貌和各种文化关

系的动态体现，它是增强大学核心竞争力的表现形式。

4. 大学环境文化是增强高校核心竞争力的外在基础。

大学环境文化是大学文化的物化形态，是大学人生存和发展的物质条件。它是高校在长期发展过程中积累下来的外在的、显性的物化文化，它是增强高校核心竞争力的外在基础。

从以上这四个方面考虑和着手进行大学文化建设，有助于增强大学的吸引力和影响力，有助于提高大学的核心竞争力。

三、研究大学文化是实施素质教育的需要

众所周知，当代大学生是祖国的未来和希望，其本身素质如何直接影响到国家的前途和命运。加强大学文化建设，根本在于坚持思想道德建设，帮助学生树立正确的世界观、人生观和价值观，培养有理想、有道德、有文化、有纪律的高素质人才。大学文化对于实施素质教育的重要性主要表现在以下三个方面。

1. 大学文化对于大学生的成长和发展至关重要。

大学生是十分宝贵的人才资源，正处于可塑性强的成长阶段，其思想性格、道德、情操等正处于形成之中，在这个时候，有无文化的介入和渗透，有什么样的文化介入和渗透，其结果是大不一样的。

文化是一种精神富有，是一种从内心深处流淌出来的思想，是大学生成长必不可少的基本素质之一。大学生如果没有坚实的文化积累，开阔的文化视野，深厚的文化素质，即使再聪明，也不是大智慧，也成不了大器；大学生如果只有技能，没有文化底蕴，也算不上是真正的人才。大学生成长所处的大学文化在其成长过程中起着耳濡目染、潜移默化的作用，好的大学文化对于学生的成长将起到至关重要的作用。

2. 大学文化对于提高大学生的思想道德素质起着非常重要的作用。

在大学生思想道德教育中，大学文化不仅不能缺位，而且必须发挥其优势，促进大学生思想道德素质的提高。在思想道德建设上，要深入开展以理想信念为核心的社会主义教育，以爱国主义为重点的民

族精神教育，以基本道德规范为基础的公民道德教育。我们时常讲，成人比成才更重要，做人先于做事，正是体现了大学文化育人的要旨。总之，大学文化建设在育人上一定要突出育魂扎根——育社会主义这个魂，扎根在中国这块土地上，让青年学生有中华魂、民族根。

3. 大学文化对于提高大学生的文化素质起着非常重要的作用。

大学的根本目的在于育人，所以大学文化建设一定要同学校的文化素质教育结合起来，让大学生了解基本的历史知识、法律知识、心理知识和文化知识等。要让我们的大学生在充满科学、理性、温馨的大学文化环境中，养成健全的人格和高尚的品德，确立文化素质教育在人才培养中的基础地位，将文化素质教育落实到人才培养的全过程。

总之，大学文化对于实施素质教育，实现大学生德、智、体、美等方面的全面发展起着非常重要的作用。离开大学文化谈实施素质教育是不现实的，所以，必须加强对大学文化的研究和建设，以促进大学培养全面发展人才的基本目标的实现。

四、研究大学文化是创新、发展和传播先进文化的需要

大学以传承、整理和创新知识为己任，是知识的集散地和创新源。可以说，现代大学已经成了精神文化的摇篮，思想观念变革的主阵地，在发展先进文化中，发挥着主力军的作用。任何一所大学总是立足于本民族、本国的实际，面向世界、面向未来的。大学文化是一种崇尚学术的文化，拒绝教条主义，不唯书、不唯上、只唯实，始终强调独立人格、独立思想和独立判断，要求在自由的氛围中进行思考和研究，在开放的环境中实现科学的创新和发展。

1. 大学文化是先进文化的创新中心。

创新是一个民族的灵魂，是一个国家兴旺发达的不竭动力。创新文化是大学文化的崇高使命，大学文化对本民族传统文化的扬弃，对外来先进文化的引进和借鉴，都是结合社会和时代的变化积极进行创新的结果。大学文化在吸收社会文化养分的同时，又把自己具有前瞻性、先进性的文化输送给社会，在繁荣社会文化的同时，又在不断提

升社会文化，为社会文化建设作出贡献。

2. 大学文化是先进文化的传播中心。

大学文化与先进文化是紧密相连的，大学文化是先进文化的重要组成部分。大学文化最基本的功能就是根据自身的价值观对人类社会长期积累的文化进行严格的筛选、分析和加工，充分发挥其对人类文化的整合作用。大学通过教育教学活动，以其培养的人作为载体，把人类社会长期积累的文化传承下去，传播科学知识以及先进的思想观念。科学文化是大学文化的核心要素，服务社会是大学文化的重要使命，大学文化不断在服务社会中萌发生命力和创造力，在服务社会中引领先进文化不断发展。

3. 大学文化是多元文化的交流中心。

在经济全球化、政治多极化、文化多元化的背景下，大学文化更加以全球视野融入世界文化发展的潮流中，推动先进文化的发展。从大学发展史可以看出，大学一直是文化传播、交流和融合的中心，随着知识经济和信息时代的到来，大学将在多元文化的交流中发挥越来越重要的作用。

大学文化始终站在国际文化交流的前沿，总是最先接触到各种文化，在吸取世界各国先进文化的基础上，积极创新本民族文化，不断增强本民族文化的活力和吸引力。

总之，大学文化作为先进文化的重要组成部分，在构建社会主义和谐社会中发挥着重要的作用。研究大学文化既是大学自身发展的需要，更是创新、发展和传播先进文化的需要。

第三节　大学文化、大学精神和大学理念之间的关系

20 世纪 90 年代以来，伴随着我国社会的发展和高等教育改革的深入，高等教育领域掀起了以研究大学文化为中心的热潮。学术界对大学文化、大学精神和大学理念等诸多问题给予了相当的关注，并进行了较为深入的研究。但在研究过程中，由于种种原因，概念泛化使

用现象屡见不鲜，对三者内在联系认识不够充分，这在一定程度上制约了大学文化研究的进一步细化和深入。为此，我们有必要对大学文化与大学精神、大学理念的关系予以辨析，以促进大学文化研究的进一步深入和发展。

一、大学文化与大学精神的关系

大学精神是人类社会精神中的一个特殊范畴，它是人类社会精神之精华在大学里的具体体现。大学的精神文化，集中地体现在大学精神之中。人总是要有一点精神的，大学亦是如此。按《现代汉语词典》解释，“精神”含义有三：一是指人的意识、思维活动和一般心理状态；二是指表现出来的活力；三是指宗旨、主要意义。所谓大学精神是指大学的办学理念和价值追求，是在长期的办学实践中逐渐积淀下来，被全体大学人所认同的群体意识和独特气质。这种群体意识和独特气质，是建立在对教育的本质、办学规律、人的发展和时代特征的深刻认识的基础之上的。① 就每一所大学而言，大学精神是全体师生员工在长期的办学实践中形成的一种群体意识和氛围，这种意识和氛围是一所大学在其发展过程中经过群体选择，并不断传承下来的，因而，它不是短暂的，而是持久的；不是易变的，而是相对稳定的；不是固定的，而是发展的。北京大学的学术自由，清华大学的严谨治学，无不证实了大学精神是全校师生需要、情操、行为、理想、价值等的反映，是经过精心培育和发展而成的。

大学精神是一种巨大的激励因素，是推动大学师生积极进取、育才成才、战胜困难和开拓创新的强大精神动力。

大学精神具有巨大的号召力，对于师生陶冶情操、磨炼意志、塑造自我具有重要作用。

大学精神是一所大学体现出来的生命力、创造力和凝聚力的整体精神面貌，具有鲜明的时代特征和个性特征，是一种独一无二、凝心聚力的精神品质，是追求真、善、美的协调统一。通过总结和归纳，

---

① 刘宝存：《何为大学精神》，载《高教探索》2001 年第 3 期。

大学精神主要有以下三个特点。

1. 有机整合性。

大学精神是一所大学的思想、情感、作风和影响力等的综合表现，是大学各种资源经过有机组合、相互作用后，产生的内在力的提炼和提升。

2. 动态发展性。

大学精神是在对本校优秀文化传统不断总结、归纳、继承和提升的基础上，结合社会发展的要求进一步提炼而成的。大学精神不是简单的继承归纳，更为重要的是创造活力，具有自我修正、自我调整和自我变革的能力，为大学的持续发展提供精神动力。

3. 独特性。

大学精神是建立在大学共性基础上的、具有各自独特性的一种精神。科学精神、人文精神、自由精神和创新精神等是大学精神的共性；同时每所大学因其历史背景、层次类别不同，其大学精神又呈现出不同的特色，即独特性。一所大学的精神是其在长期发展过程中积淀的思想精华，集中反映出该校的本质和个性特点。

综上可知，大学文化和大学精神二者的关系主要表现在：

从研究的目的来看，都是为了探求大学文化发展的特点、本质、规律等，以促进大学文化的构建和大学的可持续发展。

从隶属关系来看，大学文化是比大学精神更大的一个范畴，大学精神包含于大学文化之中。

从二者的发展来看，大学文化经过长期的发展，其精华就会成为大学精神，即成为大学文化的灵魂，大学精神一旦形成，就会具有相对的稳定性、较强的融合性和渗透性，成为大学发展的底蕴所在，同时，大学文化的构建，在一定程度上体现着大学精神，并不断固化或重塑大学精神。

简而言之，大学精神是大学文化的重要组成部分，是大学文化的核心和灵魂。

二、大学文化与大学理念的关系

随着社会的发展和大学职能的拓展，大学理念的内涵日益丰富，有关大学理念的概念性表述也是多种多样。有的学者认为："大学理念是人们对大学世界的总体看法，是人们关于大学世界的基本观念，它包括人们对大学是什么，它具有什么使命，发挥什么作用这样的大学基本问题的价值判断和识别，简单地说，大学理念是人们对大学这一本体所特有的基本看法和对大学本身的理性认识，它是大学教育各种教育理念中最基本的理念，是引发或构建其他教育理念的基础理念或元理念。"① 有的学者认为："现代大学的教育理念应该是为世纪之交的严峻挑战和将要到来的'知识经济'社会提供一种无法用金钱衡量的最佳教育，其核心是在教育工作中坚持人文精神、科学素养、创新能力的统一。"② 有的学者认为："大学理念是人们对大学的精神、性质、功能和使命的基本认识，是对大学与外部世界诸元素之间关系的规定，它是大学内部管理与运转的哲学基础，简而言之，大学理念是指大学校长用什么指导思想办大学以及人们心目中的大学是什么样的。"③ 也有学者认为："'大学理念'就是人们对那些实施本科以及本科以上学历和学位教育的综合性、多学科、全日制普通高校的理性认识、理想追求及所指的教育观念和哲学观念。这里的理性认识，主要是有关'大学是什么'，包括大学的含义、宗旨、使命、职能等，是对大学的基本看法和理性审视；这里的理想追求，主要讲'大学应该是什么'，包括大学的理想、大学的信念、大学的精神、大学的目标、大学的责任和走向等，是对大学的构想、追求和展望；这里的教育观念，主要讲'大学应坚持什么'，包括大学教育的发展观、价值观、质量观等，是大学理想和发展的指导思想和理论基础，是指导大学发展的航向。"④

---

① 眭依凡：《大学校长的教育理念与治校》，人民教育出版社 2001 年版。

② 王冀生：《试论现代大学的教育理念》，载《辽宁高等教育研究》1999 年第 1 期。

③ 刘光临：《现代大学理念与人才培养模式》，载《中国高等教育》2002 年第 6 期。

④ 杨寅平：《现代大学理念构建》，中央编译出版社 2005 年版。

由此可见，大学理念是一个内涵丰富的概念，它是人们关于大学的基本观念，主要包括人们对大学的精神、性质、功能和使命等的基本认识，它会随着社会的发展而发生变化，“是指导大学发展的航向”。好的教育理念能够体现教育目的，反映教育规律，塑造大学精神。

综上可知，大学文化和大学理念二者的关系主要表现为：

从研究的目的来看，二者都在着力探求大学发展的规律、特点、本质等，以更好地促进大学的和谐可持续发展。

从隶属关系来看，大学文化和大学理念是一种包含与被包含的关系，大学理念包含于大学文化之中，是大学文化的重要组成部分。

从二者的发展来看，大学理念是在大学文化的基础上提炼出来的，大学理念会随着社会的发展而发生变化，它指导着大学文化发展的方向。

简言之，大学理念是大学文化的重要组成部分，是“大学文化发展的航向”。

三、大学精神与大学理念的关系

大学精神和大学理念二者既有联系也有区别，它们在大学文化中都占据着重要位置。二者相互联系，相互支撑和相互照应，共同促进大学文化的发展。二者之间的区别主要表现在以下三个方面。

1. 大学精神和大学理念二者的内涵与外延不同。

大学精神的内涵要比大学理念丰富得多。二者相比，大学理念往往具有明显的时间性，它一般比较明确地指向一所大学的一个历史时期，随着大学历史任务和办学层次的改变而改变；而大学精神具有很强的继承性和相对的稳定性，它与大学形体融为一体并渗透到了学校的各个方面，其影响力可谓深远。

2. 二者的关注点不同。

大学理念关注的是大学的功能定位、培养目标、教学研究及社会服务之间的内在关联，而大学精神关注的是大学与大学人的核心价值与理想，体现于大学和大学人的品位、志向、气质和神韵等。

3．二者的侧重点不同。

大学理念侧重于大学理性，而大学精神侧重于大学价值。精神出自人，理念源自事，前者更多的是从某一价值引申而来，后者则往往是通过理论思考和实践得来。因此，可以说，大学精神在理论层次上比大学理念高一层面，地位要比大学理念重要。

简言之，大学精神统领着大学理念，大学理念在很大程度上支撑着大学精神的呈现，是大学精神的进一步具体化。

综上所述，大学文化、大学精神和大学理念三者之间的关系密切，但同时各自都有各自的侧重点。大学精神和大学理念包含于大学文化之中，大学精神是大学文化的核心和灵魂，大学理念则在一定程度上反映着大学文化和大学精神。研究大学文化，有助于从总体上把握大学文化的发展规律和特点等；研究大学精神和大学理念，则是大学文化研究的细化和深入。研究大学文化、大学精神和大学理念；有助于澄清三者之间的关系；有助于把握各自的地位、特点、规律、作用等；有助于大学文化建设和实现大学的和谐可持续发展。

我国的近、现代大学虽然是“舶来品”，但它是移植生长在中国这块“土壤”上的。中华民族有着光辉灿烂、源远流长和博大精深的传统文化。我国的大学文化建设和研究可以从传统文化中汲取“营养”，这不但有助于大学文化的发展，而且有助于弘扬民族文化、传承民族精神。

第二章 我国大学文化的起源与演变

中华民族有着光辉灿烂、源远流长和博大精深的悠久历史与传统文化，大学文化建设的重要使命之一就是弘扬民族文化，传承民族精神，使民族文化成为凝聚国内各族人民和海外同胞的纽带，使文明古国的文化血脉联结世世代代的中华儿女。如果没有传统文化的贡献，我国的大学就会失去她的自尊和特质；如果没有传统文化的贡献，我国大学的许多学科就会失去其存在的空间和理由；如果没有传统文化的贡献，我国的大学人就会失去作为一个中国人的自豪。可见，传统文化在我国大学文化建设中具有不可替代的地位和作用。为了更好地构建我国的大学文化，我们有必要对我国大学文化的发展历程进行回顾。

第一节 我国大学文化的萌芽

我国的近、现代大学虽然是舶来品，只有一百多年的历史，但它是移植生长在中国这块土壤上的，因此研究我国的大学文化离不开我国的悠久历史和光辉灿烂的传统文化。高等教育有古代高等教育和现代高等教育之分，为了论述方便，我们将大学文化也分为古代大学文化和现代大学文化。研究古代大学文化是为了更好地建设和发展现代大学文化，所以本书将古代大学文化看做现代大学文化的萌芽。

一、我国大学文化萌芽时期的发展历程

古代高等教育是社会生产力发展到一定历史阶段的产物，大学文化的萌芽是伴随着古代高等教育的出现而产生的。大学文化的萌芽产生于以青铜器和铁器等手工工具为标志的生产力时代，建立在自给自

足的小生产基础上，与奴隶制社会和封建制社会相适应，不仅具有阶级性，而且等级性突出，目的是为统治阶级和社会制度服务。

研究古代大学文化，有必要对古代高等教育的发展作个说明。我国古代高等教育从产生、发展到衰落，经历了一个漫长曲折的过程。有学者认为，它萌芽于夏、商、周时期，形成于春秋战国时期，正式确立制度于两汉、魏晋南北朝时期，发展于唐、宋时期，衰落、瓦解于元、明、清时期。[①] 我国古代高等教育走在世界前列，对于东亚其他国家文化教育的发展也曾产生过深远影响。

公元前11世纪，周王朝就兴办了较高层次的教育机构，培养统治人才。公元前6世纪后期，孔子开创了私人讲学的传统。公元前124年汉王朝创立的太学，成为世界教育史上有文字记载的、由统一的中央政府设立的第一所官立大学，标志着中国古代国立高等教育制度的正式确立。[②]《汉书·董仲舒传》中提到，“养士之大者，莫大乎太学。太学者，贤士之所关也，教化之本原也”，“兴太学，置名师，以养天下之士”，这说明了当时设立太学的目的和作用等。太学以《诗》、《书》、《礼》、《易》、《春秋》等作为基本的教学内容，实行统一的教学与考试制度，对于传播儒家文化，培养封建统治人才发挥了重要的作用。此后，在官学衰微和佛教文化兴起的影响下，10世纪四五十年代，由学术大师主持的具有私学性质的书院兴起，也都进行了不同程度的大学教育，其中最著名的书院有白鹿洞书院、岳麓书院和嵩阳书院等。

纵观古代书院的发展，我国书院主要具有以下特点。

1. 书院以修心养性为旨趣，以儒家《四书》、《五经》为主要课程，形成了教学与研究相结合、自由讲学、读书与修身并重、师生关系融洽、学规学则严谨、经费来源多样化等优良传统。

2. 我国书院注重藏书、出版以及学生自修研究、质疑问难的教学特点，这是中世纪欧洲大学所无法比拟的。宋元书院的出版事业相当

---

① 熊明安：《中国高等教育史》，重庆出版社1983年版。

② 张亚群：《论大学文化的民族性和国际性》，载《中国地质大学学报》（社会科学版）2008年第7期。

发达，许多书院自己刻书，普遍建立了藏书楼，这些都为学生自由读书和独立钻研提供了足够的参考文献。书院重视藏书、著述和刻印书籍的传统，对中国古代学术研究产生了深远影响，开创了高等教育机构图书馆服务和教育出版之先河。

3. 作为古代文化传承和创新的重要基地，书院教育推动了理学思想的形成、发展和传播，对于我国古代人才培养、学术研究和文化发展产生了重要的影响。我国古代学者们对“大学之道”、“大学理念”和“大学精神”等进行了论述，这是我们今天探讨我国大学文化的宝贵资源。

我国古代四书之首的《大学》，就曾对什么是大学，如何理解大学之道进行过论述。朱熹在《大学章句》中称：“《大学》之书，古之大学所以教人之法也。”依朱熹所著，“大学者，大人之学也”。这里的“大人”指的是15岁以上的人，“大学”指的是教育与研究的内容和意义大，即非指一般的学问，而是指伟大崇高之学。按今人的理解，古人所谓“大学”包括“大学问”、“大学校”、“大人教育”等多重含义。所以《大学》之谓“大学”，与今日所说的大学这样的教育机构的含义并不完全重叠，而更侧重于对崇高伟大学问的界定和追求，但它所概括的“大学”精神适应于所有为学之人。

《大学》开篇即讲“大学之道，在明明德，在亲（新）民，在止于至善”，被称为“大学”之三纲，也表明了古代儒学对“大学之道”的界说。这里的所谓“大学之道”，基本含义是要求一个“大人”首先要通过格物、致知、诚意、正心，通过修身使自己成为道德完善的人，然后推己及人，帮助、教育他人，使之去其旧污，做一个新民，进而齐家、治国和平天下，服务和推动社会进步，并且努力达到尽善尽美的境界。《大学》之三纲最为典型地反映了我国古代为教、为学、为人的“大学”理念，显示着一种强烈的人文意识和人文精神。古人云：“太上有立德，其次有立功，其次有立言，虽久不废，此之谓不朽。”（《左传》襄公二十四年）大学与人一样，要创立自己的品牌，守住大学之根，也要有“三不朽”精神，要立德、立功和立言。

1. 大学立德。说的就是实现大学本真的育人目的，说的就是教育的最终目的是立德。有学者认为，“传统上教育的目的都是在培育人的德性”,[①] 这种见解是符合我国古代社会现实的。立大学伦理之大德，立社会核心价值观之大德，说的就是大学要坚持培育正确的大学价值观、育人观、理想情感等；立教师之德，就是要教师坚持正身、立人的气节与操守，坚持人文之道和科技之器的统一，使教育者成为为师之楷模，为学之楷模；立学生之德，就是教化学生，要培养以德至上的全人。

2. 大学立功。立大学之功，就是说大学作为社会文化机构要担负起人才培养、科学研究、服务社会的责任；就是要保持大学在社会发展过程中卓尔不群的公信力和文化影响力，为国家、为社会培养符合时代要求的合格人才。立教师之功，就是教师要为国家和人民贡献知识和智慧。

3. 大学立言。立大学之言，就是要大学担当起大学的学术责任，就是让大学个性品牌成为名片，鼓励教师与学生的思想理论创新；立教师之言，就是鼓励教师开展教育创新，著书立说，贡献文化产品，为丰富人类的思想宝库与文化资源作出贡献；立学生之言，就是鼓励学生发展创新思维，强化学生创新意识的培养，力争早日为国家的繁荣昌盛、为民族的兴旺发达贡献力量。

《论语》主张重在推行“文、行、忠、信”的教育，以道德教育为主线，先正身，后治国，以培养统治阶级所需的“士”和“君子”。

二、我国大学文化萌芽时期的特点

通过对古代大学文化的总结和归纳，我们发现古代大学文化的发展具有以下特点：

1. 古代大学文化具有很强的阶级性，而且等级性也很突出。

古代大学对入学资格有严格规定，受教育者主要是官绅子弟，庶

---

① 金耀基：《人文教育在现代大学中的位序》，载《高等教育》2004 年第 2 期。

民子弟入学者很少，培养出来的学生也是为了“学而优则仕”，维护统治阶级的统治和利益。

2. 在教学内容上，从汉朝起，历朝都以儒家经典作为基本教材。同时，专科教育在我国也有所发展，但因不受重视发展缓慢。这种教育文化在培养儒家文化中的君子的理想人格和维护社会稳定中发挥了重要的作用。“道”与“器”以及相互关系是我国古代教育文化的基本、核心问题之一，也是我国传统文化的基本、核心问题之一，“道”与“器”贯穿于我国古代教育文化发展的始终。根据《周易·系辞上传》中“形而上者谓之道，形而下者谓之器”这一解释，“道”就是超然于物质形体之外的理性概括、抽象本质的规律、原则、道理、精神、人文、理念以及本体，是我国传统文化理性的最高表现形式；“器”就是形体之外的功能属性，表现为具体的事实、现象、器物、工具、科技、行为、实践、物质等。“道”、“器”及相互关系问题，即是“体”与“用”的相互关系问题，“体者，即形（之）质也；用者，即形而上之妙用也”，古人认为“形质之体”谓之“道”，“妙理之用”谓之“器”。

“道”作为事物本体，在大学文化中指大学的终极目的、大学精神、大学理念等观念层面对大学本真意义的认识；“器”所指的是事物的功用，指的是大学组织、大学制度、大学行为、育人方法等大学教育教学实践操作层面的方式方法。[①] 依此看来，我国古代大学文化具有两面性，一方面认为大学以“传道”为最大目的，同时认为“器技”值得重视，对社会发展有价值，值得肯定；另一方面却重“道”轻“器”，即重精神、轻物质，重人文、轻技艺，重玄想、轻实用。这种两面性给我国带来了丰厚的人文、社会科学资源，同时也带来了自然科学的落后，造成了科学思想、科技意识的边缘化。

3. 大学制度文化获得了较大发展。以考试制度为例，古代科举制度的不断发展和完善促进和推动了教育的发展，同时也推动了大学制

---

① 尤冬克：《以传统文化视角：现代大学文化的守望与重构》，载《黑龙江高教研究》2008 年第 9 期。

度文化的发展。

4. 我国比较发达的古代大学文化对周边国家和地区产生了重要影响。从唐代开始，我国国立大学不断接受周边国家和地区的学生前来留学，尽管这类学生人数不多，但在学术交流和文化传播方面却发挥了重要的积极作用；我国的书院制度先后被移植到朝鲜、日本及东南亚等，产生了重要的国际影响。

综上可知，我国古代大学教育相对发达，其大学文化曾经对“大学之道”、“大学理念”和“大学精神”等进行了比较系统地论述，形成了一些鲜明的特点，这是我们今天研究古代大学文化的宝贵遗产。

第二节 我国大学文化的形成与初步发展

虽然我国有古代高等教育，但它并没有发展成为近代意义上的大学和高等教育。只是到了19世纪末20世纪初，在西方外来因素的巨大冲击下，清政府为了缓解统治危机，才陆续开办了一批新式高等教育机构，主要培养外语、军事和技术等实用人才。我国著名教育家蔡元培先生曾经说过：“晚清时期，东方出现了急剧的变化。为了维护其社会生存，不得不对教育进行变革。当时摆在我们面前的问题，是要仿效欧洲的形式，建立自己的大学。”[①] 在这种时代背景下，近、现代大学应运而生。这些新式专门学校，主要分布在沿海通商口岸和政治、文化中心，一般学校办学规模较小，学科层次较低，通过引进西方教学模式和自然科学课程实施教学。它们与国内传统高等教育机构、外国教会创办的教会学校同时并存。

20世纪初期，伴随新一轮社会改革的兴起，我国教育进入全新转型阶段。1904年新式学制的颁布，1905年科举制的废止，推动了传统高等教育的急剧变革和新式高等教育的快速发展。在此基础上，经

---

① 蔡元培：《中国现代大学理念及教育趋向》，载高平叔《蔡元培教育论著选》，人民教育出版社1991年版。

历了模仿、改革、调试与本土化的曲折过程，我国大学文化逐渐从传统儒家文化向近代科学文化转型。

受西方教育的影响，清末教育改革者吸收了西学分科观念，模仿欧洲近代大学学科建制，建立了京师大学堂、北洋大学堂和山西大学堂，这是中国近代最早一批综合性大学。按其有关大学堂章程规定，大学分为八科，即经学科、政法科、文学科、医科、格致科（理科）、农科、工科和商科。由于经费、师资等客观因素限制，在实际办学中，各大学并未完全开设八科。经学科为清末大学所独创，其学科门类囊括儒家主要经典，它适应了清朝封建统治的政治需要，以维护儒学文化的统治地位。

由此可见，在清末大学大量引进西学过程中，仍然竭力保存传统儒学文化，这是“中学为体，西学为用”的教育指导思想在大学文化转型中的典型反映。1912 年 10 月，民国政府教育部颁布的《大学令》最终取消了经学科。

随着留学生教育的发展和西方教育思想在我国的广泛传播，从 20 世纪一二十年代开始，我国大学教育发生了一系列变革，推动了大学文化的发展，在办学章程上规定：“大学以教授高深学术，养成硕学闳材，应国家需要为宗旨”，以文、理二科为主，重视文理结合、理工结合。

1917 年蔡元培校长在北京大学的改革使北京大学脱胎换骨，成为新文化运动的策源地，也推动了国内其他大学的改革。北大所倡行的选科制改革，为 1922 年“新学制”和 1924 年《国立大学校条例》所采纳，并推广到更多高校。著名教育家何炳松评论说，这“实在是我国大学教育上一个极大的进步”。① 北大改革所孕育的“民主与科学”的精神，代表了我国现代大学文化发展的方向。

1921 年由郭秉文创办的国立东南大学，从师资来源到办学模式，深受留美教育的影响，形成了具有鲜明美国色彩的大学改革模式。与

① 张亚群：《科举革废与近代中国高等教育的转型》，华中师范大学出版社 2005 年版。

北京大学改革相似，东南大学也崇尚学术自由，坚持学者治校和学生自治；重视招揽人才，带动学科建设；强调文、理渗透，促进学术研究发展；以学系为本位，实行选科制和学分制。所不同的是，它在办学理念上注重“四个平衡”，即通才与专才平衡、人文与科学平衡、师资与设备平衡及国内与国际平衡；在学科结构上，强调多学科并举，学与术并重；在领导体制上，建立校董会，将一些热心教育的实业家和社会名流吸纳为董事，使之发挥筹措经费、舆论宣传、决策咨询及监督校政的作用。①

20 世纪 20 年代前后，在国内纷纷设置单科大学及高师改办综合性大学的潮流下，北京高等师范学校并没有并入普通大学，而于 1923 年升格为师范大学。这一大学改革模式既适应了中等教育改革和发展的客观需要，提高了教师人才的培养层次和学术水平，也是清末以来仿效日本所建立的高等师范教育体制的延续与发展。此后，尽管师范教育存废之争时起，北京师大几经分合，数易校名，但始终未改自己的办学模式。

实践证明，在我国教育现代化发展初期，相对独立的高师办学体制有其存在的合理性，它能较好地满足不发达国家的师资需求。师范大学办学模式的创立，为 20 世纪我国教育发展与社会进步作出了巨大贡献。

在私立大学方面，1919 年张伯苓创办的南开大学、陈嘉庚创办的厦门大学，适应人才培养和社会发展的迫切需要，形成了颇具特色的办学风格和大学文化。南开大学“允公允能”的办学理念，厦门大学“自强不息，止于至善”的校训，融我国传统大学理念与现代大学精神于一体，在我国大学文化发展史上颇具典型意义。

抗日战争时期，由北京大学、清华大学、南开大学在云南昆明联合组成的西南联合大学，在艰难的条件下，创造了辉煌的办学成就，谱写了我国大学文化新篇章。

---

① 张亚群：《科举革废与近代中国高等教育的转型》，华中师范大学出版社 2005 年版。

从19世纪后期至新中国成立前，我国大学文化的发展基本可以分为两个阶段。第一阶段是从19世纪50年代至“五四”新文化运动，这一阶段可称为我国大学文化的形成时期；第二阶段是从“五四”新文化运动到新中国成立，这一阶段可称为我国大学文化的初步发展时期。

一、我国大学文化的形成时期

从19世纪50年代至“五四”新文化运动，是我国大学文化的形成时期。这一时期，我国大学文化的发展以吸纳西方大学文化为主要特征。在与外国大学文化碰撞和交融的过程中，我国的大学文化逐渐从“中体西用”的大学文化观向“学术自由，兼容并包”的大学文化观转型。这一时期的大学文化主要有以下特征。

1. 洋务运动期间的学堂以学习“西文”和“西艺”为精髓。

洋务运动期间，以“中体西用”为标准，洋务派开办了大量语言学堂、技术学堂和军事学堂。这些学堂认定“西文”和“西艺”为西学的精髓，至于文化层面则一概予以否认。因此，洋务学堂尽管具有了高等教育的性质，但在文化建设方面尚未意识到西方大学文化的现代意义，反映在人才培养方面便如梁启超所言：“所学者不过语句拼字文法之类，去西学尚远甚”，“未尝有非常之才出乎期间”，“仅为洋人广蓄买办之才”。①

2. 19世纪末期我国的大学文化呈现出多元发展的态势。

19世纪末期，我国大学以公立大学、教会大学和私立大学三种形式并存。1895年的北洋大学堂、1898年的京师大学堂和1902年的山西大学堂，是公立大学中的代表。京师大学堂由于与时政的关系密切，因此与西方大学体制貌似而神离，大学文化一如封建太学；北洋大学堂则以“西学体用”为创办原则，以美国著名学府哈佛、耶鲁大学为蓝图，聘请美国教育家丁家立为总教习，选聘大量外国专家担任师资，积极派遣留学生，充分地吸纳了西方大学的文化。教会大学与

① 梁启超：《学校余论》，载《饮冰室文集》（第一集），云南教育出版社2001年版。

私立大学的发展不断打破“中体西用”的文化观，西方大学文化被我国大学进一步认同。在1911年之前，有少数教会学校达到了大学的办学水平，此类学校承担着文化侵略与扩张的目的和任务，力图将西方宗教文化和西方学问整合到中国文化中，因而此类大学的文化层面具有明显的中西文化融合的特征。当时存在的不少私立大学追求中西文化融合，如复旦公学，不仅与教会有着深厚渊源，而且在办学中强调英文和国学并重，正因如此，这些私立大学孕育出不少新文化的勇将。

3. 民国初期北京大学的文化转型是我国大学文化现代化的重要标志。

蔡元培执掌北京大学后所进行的改革，标志着我国现代大学文化的正式形成。蔡元培的办学方针是“兼容并包”、“学术自由”八个字，1912年，蔡元培在《大学令》中确定了大学“教授高深学问”的宗旨，提出了文理并重、教授治校的思想，北京大学兼容并包、学术独立、思想自由的大学精神逐渐形成。在他的大力支持下，在陈独秀、胡适等人的热情倡导下，青年学生掀起了追求民主、科学的浪潮，使北大成为“五四”新文化运动的中心。

大学文化的转型使北京大学不仅成为大学的楷模，而且成为“五四”新文化运动的摇篮，推动中华民族的文化出现了极具历史意义的重大转折。

这一时期我国大学教育的转型，促使我国现代大学文化逐渐形成，这就为“五四”运动后我国大学文化的初步发展奠定了基础。

二、我国大学文化的初步发展时期

从“五四”新文化运动到新中国成立前，这一阶段可称为我国大学文化的初步发展时期。这一时期是我国文化由“破”到“立”的转折时期，也是我国现代大学被赋予“创造新社会”的时期。我国这一时期的大学文化更多地包含了对“民主”和“自由”的诉求，崭新的大学社会责任意识也逐渐形成。这一时期，我国大学文化的初步发展主要体现出以下四个特征。

1. 大学文化的内涵不断丰富，有关大学理念、大学精神的研究受到重视。

20 世纪 20 年代至 40 年代，梅贻琦、胡适、蒋梦麟、竺可桢、潘光旦、孟承宪等先师们都对大学的理念、文化精神等作了深入研究，提出了许多真知灼见。维系大学之人文精神、学术自由和通才教育是当时的教育家们所极力倡导的。如 1941 年，时任清华大学校长的梅贻琦先生在庆祝清华建校 30 周年的学术研讨会上发表了《大学一解》一文，此文是我国现代大学文化史上极为重要的文献。纵观全篇，梅贻琦先生以我国“大学文化”为底蕴，博采近代中外大学教育思想的精华而融合成自成一体的大学文化观。他主张大学应实施通才教育，但却非西方“Liberal Education”的简单搬移，而是一种以我国古代儒家“大学”教育思想为基础的文化陶冶论。他盛赞我国传统大学中的文化传播模式，即“学校犹水也，师生犹鱼也，其行动犹游泳也，大鱼前导，小鱼尾随，是从游也。从游既久，其濡染观摩之效自不求而至，不为而成”。① 在深刻地揭示和批判当时大学文化中师生关系如同“奏技者”与“看客”的冷漠关系的同时，提倡现代大学文化需要从古代大学文化中汲取精华。

2. 面对内忧外患，大学文化建设都非常重视大学对社会的责任。

这一时期我国正处于内外交困的状态，值此时代的教育家们的思想中都有着强烈的忧患意识和爱国救亡意识。陈独秀、李大钊等思想家，从改造旧社会、创造新社会的角度出发，提倡大学要为社会进步提供不竭的动力；胡适则认为通过解决实际问题而学习知识要比大学的学术自由和自治权更重要。尽管这些思想的主旨和目的有所不同，但强调加强大学与社会之间的关系，使大学为社会发展服务的理念却是共同的。在此期间，许多大学也在积极实践着这种大学理念，如南开大学在张伯苓校长的主持下，指出办学的目的在于“育才救国”，主张“允公”和“允能”，四育并重。

---

① 梅贻琦：《大学一解》，载刘述礼、黄延复《梅贻琦教育论著选》，人民教育出版社 1993 年版。

3. 新文化运动后，大学成为延续新文化的重要阵地。

新文化运动的健将大多都在大学任教，如北京大学的新文化人物云集，包括陈独秀、李大钊、鲁迅等，他们通过自己的教学和人格魅力等培养出了许多具有新文化、新思想的时代人物。其他同时代的大学，也大多都积极响应新文化运动，一起推动这一文化进程。以浙江大学为例，在竺可桢校长民主、自由办学方向和“求是”精神的吸引下，浙大会集了许多崇尚科学民主、追求真理、有真才实学和责任感的教授，促进了浙江大学的发展，并培养出了一批具有新思想的青年，故浙江大学在 1949 年之前被誉为“东方剑桥”、“民主堡垒”。

4. 中国共产党领导创办的大学在大学文化建设方面独树一帜。

中国共产党领导创办的大学，自始便承担了改造和服务社会的使命。毛泽东于 1921 年在长沙创办的湖南自修大学的宗旨为“改造现社会”，他从大学文化建设的角度提出“采取古代书院与现代学校二者之长，取自动的方法，研究各种学术，以期发明真理，造就人才，使文化普及于平民，学术周流于社会”。[①] 中国共产党在革命根据地创办的大学，以“文化教育为革命战争与阶级斗争服务”为原则，从传统教育中吸取精神，为战时需要服务，大学文化与社会需要紧密结合起来，如 1934 年创建的红军大学贯彻“实事求是，团结友爱，艰苦紧张，批评与自我批评”的校风。抗战时期解放区的大学如抗日军政大学、陕北公学和鲁艺、延安大学等则形成了一种更为明显的革命精神和文化，即将马克思主义理论与中国革命实践紧密结合，以少而精的方式，以教育与生产劳动相结合的方式培养出了一批领导革命的干部。

第三节　新中国成立后我国大学文化的发展

新中国成立初期，人民政府接管旧的大学以后，以苏联为榜样，

---

① 米靖、周志刚：《中国大学文化百年进程若干问题初探》，载《江苏高教》2007 年第 4 期。

对旧的教育制度进行了改造，对大学的院系进行了调整，构建了我国高等教育体系和大学的基本框架，确立了马克思主义在大学中的指导地位。伴随着我国社会主义制度的建立，我国开始对建立中国式社会主义大学进行探索。“文化大革命”时期，教育成了阶级斗争的工具，大学文化遭受到了严重的破坏和摧残。改革开放以来，中国大学文化与国家现代化的进程相互呼应，在“三个面向”方针的指引下，不断发展，在文化传承和创新方面取得了令世人瞩目的成绩。时至今日，国家和政府对未来大学的发展态势已经有了清醒的认识，同时也为大学文化建设提出了更高的要求。

当前的大学文化在关注知识传播、知识创新、培养人才和服务社会方面正在不断完善与进步，但与此同时也存在着一些问题，如在大学还存在着官僚气息和官本位思想、人文精神疲弱、唯科学的“科学”意识盛行、办学特色不鲜明等。这些都促使我们要进一步加强大学文化建设和研究。

一、改革开放以来我国大学文化的发展历程

1978 年以来，我国逐步确立了建设中国特色社会主义的战略目标，明确提出了“教育要面向现代化、面向世界、面向未来”的战略思想，先后颁布了《关于教育体制改革的决定》、《关于加强和改进大学生思想政治教育工作的决定》和《关于深化教育改革全面推进素质教育的决定》等一系列文件，在探索建立中国式社会主义大学方面取得了重大进展。

作为大学建设重要组成部分的大学文化建设，首先是以建设校园文化的方式提了出来。1986 年 4 月，上海交通大学首先举起了校园文化建设的旗帜，接着，许多大学纷纷响应。华东师范大学举办了首届“校园文化建设项目”活动，复旦大学、上海医科大学等相继举办了以建设校园文化为宗旨的文化艺术节；各种学生社团纷纷成立；《新上院》、《复旦人》、《同济大学生》等各种刊物异彩纷呈。[①] 1986 年 8

① 萧关根：《校园文化在上海高校兴起》，载《人民日报》1986 年 11 月 10 日。

月，全国学联代表会议首次把校园文化写入会议文件，明确肯定了校园文化建设的发展方向。1992年10月，江泽民同志在中国共产党第十四次全国代表大会上明确提出，要搞好社区文化、村镇文化、企业文化、校园文化的建设。[①] 加强校园文化建设首次成为全党的共识。1993年，《中国教育改革和发展纲要》指出："要严格执行校规、校纪，教育学生遵守行为规范，建设健康的、生动的校园文化，树立良好的校风、学风，使学校成为建设社会主义精神文明的重要阵地。"[②] 校园文化建设首次成为一项重要的教育任务并开始逐步落实。1994年3月，李鹏同志在《政府工作报告》中指出："加强基层文化工作，搞好企业文化、校园文化、社区文化，特别是广大农村的文化建设，活跃城乡人民的文化生活。"[③] 校园文化建设成为政府的一项重要责任。随后，中国高等教育学会、中国教育学会、团中央和部分大学等相继召开了一系列关于校园文化建设的学术研讨会，加强校园文化建设逐步成为高校的共识。2004年，教育部、团中央专门出台《关于加强和改进高等学校校园文化建设的意见》，具体提出了高等学校校园文化建设的主要任务和总体要求，使得校园文化建设有了明确的指导思想和发展方向。

二、改革开放以来我国大学文化的发展特征

随着校园文化实践活动的不断深入，理论研究也获得了不断的发展。人们越来越发现，大学文化建设是一个复杂的有机系统，仅仅进行校园文化建设并不能全面有效地推进大学文化建设。于是，大学文化研究逐渐兴起。20世纪90年代中期以来，在教育部的倡导和推动下，教育工作者们把研究重点逐渐放在了大学生的人文素质教育和通识教育等问题上。1999年"通识教育与大学文化发展——海峡两岸跨

---

① 中共中央文献研究室：《"十四大"以来重要文献选编》（上），人民出版社1996年版。

② 《中国教育改革和发展纲要》，《人民日报》1993年2月27日。

③ 李鹏：《政府工作报告——1994年3月10日在第八届全国人民代表大会第二次会议上》，载《人民日报》1994年3月24日。

世纪大学文化发展研讨会”的召开是大学文化研究热潮的标志之一，此后内地和港台的专家学者又多次聚在一起，就大学通识教育和文化素质教育的相关问题展开讨论。

通识教育又称为通才教育，是高等教育发展的重要趋势之一。通识教育并不排斥专业教育，通识教育主张让学生学习更广泛的自然科学知识、社会科学知识和相关专业知识，让学生有一个合理的知识结构，从而促进学生包括创新能力在内的综合能力的提高。2002年清华大学、北京大学等联合建立了大学文化研究中心，该中心会聚了一大批热心于研究大学文化的高级专家、学者，开展了一系列国内外学术交流活动。2006年，该中心进行了“大学文化百年研究”，出版了以《中国大学文化百年系列丛书》为主要标志的一批大学文化建设研究成果，对于推动我国大学文化的研究与建设发挥了重要作用。

在大学文化研究不断取得突破的同时，有关“大学精神”、“大学理念”的研究也日益增多。当前的大学文化研究方兴未艾，大学文化研究的内容更加丰富，认识也更加深刻。改革开放以来我国大学文化的发展主要有以下几个特征。

1. 为适应社会经济发展需要，不断进行大学制度创新。

从20世纪80年代开始，我国积极探索建立具有中国特色的社会主义高等教育体系，逐步消除前苏联专才教育模式对我国人才培养的消极影响，积极探索通才教育与专才培养的有机结合。此外，我国还创立了具有中国特色的高等教育自学考试制度，在高校招生考试、大学管理、学科建设和校园文化等方面也形成了自己的特色。

2. 加强国际交流与合作，促进我国大学文化的发展。

结合我国实际，我国大学多方位吸收国外先进的科学技术、文化成果和办学经验；外语教学发展迅速，外来文化影响日益加强，形成大学多元文化并存的新格局；出国和来华留学教育不断发展，中外文化交流进一步加强。据统计，从1978年到2006年底，我国出国留学总人数已超过100万人。其中，2000年以后出国留学人员占总数的70%以上。计划到2010年，每年出国留学人员的数量要达到20万人，其中国家公派出国留学人数达1万人。在来华留学教育方面，

1950年至2006年底，我国累计接收各类来华留学人员104.7万名。2006年是来华留学生数量最多、生源国家和地区数量最多、就读学校数量最多的一年，共有162695名留学人员，来自184个国家和地区。其中来自亚洲者居首位，占全年来华留学生总数的74.33%；欧洲为20676名，占12.71%；美洲为15619名，占9.6%；非洲为3737名，占2.3%；大洋洲为1733名，占1.07%。按国别统计，来华留学生人数居前5位者分别为韩国、日本、美国、越南和印度尼西亚。按学科类别统计，文科114846名（含汉语类98701名、艺术类2188名），医科20355名，经济7308名，管理5954名，工科5803名，法学3667名，教育1730名，理科1007名，历史904名，哲学681名，农科440名。①

3. 大学对于我国传统文化的评价趋于理性，开始注重从传统文化中汲取营养。

随着我国改革开放的不断深入，我国的综合国力得到了很大提高，大学文化也获得了较大发展，民族自信心和凝聚力也获得了很大提高。在这种情况下，大学开始注重从传统文化中汲取营养，其中最突出的表现就是书院教育开始受到学者们的关注和重视。1984年10月，冯友兰先生和北京大学哲学系张岱年、朱伯崑、汤一介等先生发起联合北京其他高校、学术机构及中国港台地区、海外学者在北京共同创办中国文化书院。20多年来，作为一个民间学术研究和教学机构，中国文化书院通过举办多种函授班和国际学术研讨会，出版学术著作，在培育人才、学术研究和促进中华文化向海外传播等方面，取得了重要成果。在湖南大学，不仅修复了具有千年文脉的岳麓书院文物建筑，而且还进行中国思想文化史、书院教育史的教学与研究，培养出了许多高层次的传统文化研究人才。

4. 随着我国综合国力的增强，我国大学文化开始注重向海外传播。在经济发展和文化需求的推动下，以孔子学院等大学文化机构为

① 焦新：《2006年来华留学生共16.27万人，创历史新高》，载《中国教育报》2007年5月29日。

媒介，在传播中华文化，促进中外文化交流方面，发挥了突出作用。

作为中外合作兴办的非营利性教育机构，孔子学院其宗旨在于增进世界人民对中国的语言和文化的了解，发展中国和外国的友好关系，促进世界多元文化发展，为构建和谐世界贡献力量。主要包括：面向社会各界人士，开展汉语教学；培养汉语教师，提供汉语教学资源，开展汉语考试和汉语教师资格认证业务；提供中国的教育、文化、经济和社会的信息咨询；开展当代中国研究等。2006 年底，对全球 40 所孔子学院所做的一项抽样调查表明，尽管平均运行时间不长，但各校已开设汉语课程 300 多门，学习人数达 1.3 万人次。[①] 截至 2007 年 12 月 6 日，全世界已经启动的孔子学院（孔子课堂）已达 210 所，分布在 64 个国家和地区。此外，还有 61 个国家的 200 多个机构提出了开办申请。已开办的孔子学院教职员工总数达 1000 多人，开设汉语课程 1200 多班次，学员 4.6 万人。[②] 根据国家汉语国际推广领导小组的规划，到 2010 年，全球将建成 500 所孔子学院。

在“知识经济”与信息化时代，我们要牢牢把握中国特色先进文化的前进方向，认真开展我国大学文化研究，将大学的本质及其办学规律与当代我国的实际情况有机结合起来，以理论创新为基础，以理念创新为先导，探索新形势下我国大学文化特色的创新之路。

---

① 白雪：《156 所孔子学院遍布全球》，载《中国青年报》2007 年 6 月 8 日。

② 周兆军：《第二届孔子学院大会开幕，为“汉语热”增温》，http：//www. chinanews. com. cn/hr/hwjy/news/2007/12－11/1101733. shtml，2008 年 4 月 3 日。

真正意义上的大学首先产生于西方，西方国家大学文化的建设和研究比我国要早。西方国家大学文化的发展脉络为我国大学文化的建设和发展提供了许多启示，其发展经验和成果是我国大学文化建设和研究的宝贵财富。

第三章　西方国家大学文化的发展与启示

真正意义上的大学产生于西方，从中世纪至今，西方国家的大学已经存在了八九百年；我国真正意义上的大学自产生至今则仅有百余年的历史，而且是在不断借鉴西方大学经验的基础上产生和发展起来的，这就使得我国大学文化的发展深受西方大学文化的影响。对西方大学文化进行历史梳理，有助于我们了解西方大学文化的发展脉络，为我国大学文化的发展提供借鉴，使我国大学文化建设少走弯路。

第一节　西方国家大学文化的产生与发展

在真正意义上的大学创立之前，高等教育在全世界已经存在了几千年，古希腊、罗马、阿拉伯国家都建立了比较发达的高等教育体制。但真正意义上的大学产生于中世纪的欧洲。

一、中世纪西方大学文化的产生及发展

根据学者的研究，西方古代高等教育产生于古希腊时期，扩展于希腊化时期，衰落于古罗马后期。古希腊古罗马的教育、文化在拜占庭时期得到延续，西欧中世纪大学的产生，孕育了现代高等教育的雏形。[①] 按西方历史分期法，公元 500—1500 年为中世纪，中世纪拥有的最绚丽的一幅画面就是 12 世纪出现的中世纪大学。

真正意义上的大学产生于中世纪的欧洲，这种机构形成了自己特征：组成了系（faculty）和学院（college），开设了规定的课程，实施

---

① 杨汉清、韩骅：《比较高等教育概论》，人民教育出版社 1997 年版。

正式的考试，雇佣了稳定的教学人员，颁发被认可的毕业文凭或学位，等等。①

大学产生的标志可以说是12世纪创办的巴黎大学和博洛尼亚大学。

“中世纪大学的兴起，是中世纪复兴的不可避免的结果。”②

早期大学的出现反映了社会的需要。12世纪，随着西欧经济的发展，城市充满了活力，行业组织发达，社会需要大量受过专门训练的人才，如医生、律师、牧师等。大学的出现和教会、修道士、牧师的关系密切。在更早的时候，修道士和牧师开办了学校和图书馆，随着教堂管辖的学校逐渐增多，教师开始出现，从各地来的学生聚集在学校听课。随着人数的逐渐增多，师生们为了保障自己的权益，仿照手工艺人行会组织的形式，组成了自己的行会，因此，大学最初的拉丁文词义就是“行会”的意思。

早期的大学没有固定的场所，极富流动性，经常从一个城市迁移到另一个城市。这一时期大学可以分为两种类型，一种大学是学生型的，如博洛尼亚大学，学生们获得管理大学事务的权力，学生依照规定对教师实行管理，由学生选举教师，被选择的教师要发誓遵守学生指定的有关规定。另一种大学是教师型的，典型代表是巴黎大学。巴黎大学形成了神学院、法学院、医学院和文学院，同时又以学生原籍和语言为标志形成了法兰西民族团、诺曼人民族团、庇卡底民族团和英格兰民族团等四个团体。巴黎大学当时云集了欧洲最出名的一批学者，如阿伯拉尔、托马斯·阿奎那、罗吉尔·培根等，成为欧洲的学术中心。后来，英国也出现了中世纪两所富有代表性的大学：牛津和剑桥。

到了中世纪末，欧洲又出现了大约80所大学，有些大学后来消亡了，但有些大学至今仍然是世界著名的高等学府。概括起来，中世纪大学文化的产生和发展所取得的成就主要有以下三个方面。

---

① 贺国庆、王保星、朱文富等：《外国高等教育史》，人民教育出版社2003年版。

② 佛罗斯特著，吴元洲等译：《西方教育的历史和哲学基础》，华夏出版社1987年版。

1. 大学不断为实现自主办学和学术自由的理念而斗争。

由于大学从创立起就和宗教有密切关系，因此宗教势力和封建势力试图控制大学的努力一直就没有停止过，但大学始终不屈不挠地同宗教和政府进行斗争，甚至不惜以迁校来抗争，如巴黎大学通过罢课和迁校，迫使教皇于 1231 年确认了巴黎大学有独立地位的“大宪章”；学术自由和自由办学一样，从一开始就受到教会和封建势力的阻挠及干预，因为教会和皇帝内心害怕大学独立的学术活动会对其统治地位构成挑战，大学同他们进行了不屈不挠的斗争，通过斗争，学术自由的传统一直被大学继承了下来，而且越来越受到社会的承认。

2. 专业制度和学位制度在大学逐步得到确立。

中世纪大学开始都是单科大学，如博洛尼亚大学是法学，巴黎大学是神学。后来，随着社会对人才的需要，大学开始设立不同的专业，一般开设文、法、医、神四个系科或四个学院。其中，法、医、神三科是“高级”学院，文科则是准备阶段，隶属于其他三科，学生学完文科，才能分别进入其他三科学习。由于教会对大学的控制，在四科中神学处于支配地位。

中世纪的专业制度对后来大学影响深远，其先学文科再学其他学科的制度后来被一些大学借鉴，比如很多大学法律、医学都要求有其他专业的基础。

学位制度的确立也要归功于中世纪，1229—1231 年的巴黎大学大罢课，使教皇最终颁发了新的章程，确认巴黎大学具有授予学士、硕士和博士学位的专一权。开始时硕士和博士并没有区别，只是后来博士多用于医、法、神三个高级学院的成员，硕士用于低级学院的成员，才慢慢有了高低之分；而学士开始并不是正式学位，只是取得学位候选人的资格，后来才慢慢演变为低于硕士的一种学位。

3. 中世纪大学课程逐步趋于统一和稳定。

中世纪大学创立之初，课程内容不确定，相差颇大，即使是同一所大学，课程前后也有很大变更。13 世纪时，大学课程逐渐由大学或教皇规定固定下来，从此大学课程的一个显著特征就是大学间高度的统一性，这种统一性为欧洲各大学自由交往和人员流动提供了可能和便利。“一个在巴黎大学获得了学位的学者就能够在牛津大学教书而不会受到任何干涉，而且可能更重要的是，他的讲课不会使学生们感到难以接受。这种情况之所以可能仅仅是因为，在一所大学讲授的学科同另一所大学的同一学科在形式和内容上都没有显著区别。”①

中世纪大学的课程具有明显的实用性特征，大学提供类似职业培训的教育，学生们非常满意，因此大学课堂常常座无虚席。中世纪大学的教学方法以讲授、辩论和练习为主。

早期中世纪大学是个有理想和追求的地方，但在中世纪后期，由于经院哲学的控制和影响等原因，使大学成了一个较为保守、落后的机构，甚至于有人对大学是否应该存在都产生了疑问。

随着经济的发展和希腊罗马文化的复兴，这一时期在弘扬理性、尊重个性的旗帜下，大学文化在大学人的努力下，还是取得了一定的成就。这一时期史称文艺复兴时期，在 14 世纪初，大学还受到经院哲学的禁锢，对人文主义思想持反对态度；到了 15 世纪后期，人文主义思想在大学才有了地位。这一时期大学文化取得的成就主要表现在以下四个方面。

1. 以荷兰哲学家伊拉斯谟（Desiderius Erasmus）、法国作家蒙田（Michel de Montaigne）等为代表的人文主义者对经院哲学进行了批判，确立了新的教育观念，确定了反映体现人文主义精神的内容，采用了直观性和启发性的教学方法。

2. 人文主义思想不仅得到了传播，而且出现了很多弘扬人文主义精神的大学。如 1575 年创办的莱顿大学被称为是欧洲新知识的重要中心，卢万大学建立了三种语言学院，即希腊文、希伯来文和拉丁文。

3. 大学里开设了许多人文主义课程，如希腊文学、修辞学、诗歌和柏拉图哲学等。人文主义课程吸引了许多文科学生，为后来波澜壮阔的文艺复兴运动奠定了基础。人文主义思想改变了大学文化，使大学宗旨、职能和观念等都发生了全新的变化。

---

① 滕大春：《外国教育通史》，山东教育出版社 1994 年版。

4. 人文教育与科学教育相结合，促成了近代科学的诞生。文艺复兴时期复兴古典教育的理念，促进了人文教育与科学教育的结合，促成了近代科学的诞生，由此导致了大学知识体系的变化。与中世纪相比，大学教育的内容无论是从广度还是从深度上看都超出了“七艺”——文法学、修辞学、逻辑学、算术、几何学、天文学和音乐的范围。随着科学技术的进步和城市的发展，新知识在教育中的地位和作用日益重要。

中世纪大学虽然处于黑暗的中世纪，但是通过大学人的努力，其大学文化还是获得了较大发展，其大学文化的灵光照亮了以后几个世纪的大学发展之路，甚至对今天大学文化的建设与发展还有一定的借鉴意义。

二、近代西方大学文化的发展

一般认为，英国1640年爆发的资产阶级革命是西方进入近代社会的标志。伴随着资本主义制度的逐步形成和确立，欧美各国都在社会的各个领域进行了深刻的变革，其中大学改革也在曲折中向前发展。资产阶级的文化变革既要同封建国家皇权势力斗争，同时又要同宗教势力争夺大学的领导权。在这种斗争中，有关大学和大学文化的思想碰撞产生了许多“智慧的火花”，大学文化内容获得了进一步的丰富。这一时期大学文化发展取得了巨大成就，主要表现在以下四个方面。

1. 大学科学文化取得了巨大发展，培养出了许多著名的科学家。

近代文化领域的创新之处就是科学的巨大进步，正如罗素所言，“近代世界与先前各世纪的区别，几乎每一点都能归源于科学”。

自进入近代社会以来，科学以一种突发猛进的方式向前发展，16世纪天文学领域首先发生革命，17世纪物理学和数学领域取得重大突破，18世纪化学领域获得重大发展。大学文化的发展为科学的发展作出了很大的贡献，甚至可以说如果没有大学文化的发展，就没有近代科学的发展。

英国科学家牛顿，毕业于剑桥大学，创立了经典力学，他提出的力学运动的三大定律和万有引力定律，构建了经典力学的科学体系；英国天文学家哈雷，毕业于牛津大学，哈雷彗星理论的创始者，是第一位尝试计算彗星轨迹的科学家；德国伟大哲学家、数学家莱布尼茨，毕业于阿尔特多夫大学，创立了柏林学院，主要设立自然科学课程，为德国科学事业的发展作出了巨大的贡献。

2. 大学人文文化获得了较大发展，培养出了许多优秀的哲学家和政治家。

自然科学的发展促进了哲学认识论的研究，哲学家们把自然科学中的分析方法提升为哲学方法论，使唯物主义哲学获得了进一步发展。17 世纪的牛津大学、剑桥大学尽管还处于宗教文化的氛围中，但是仍培养出了许多具有民主思想的哲学家和政治家。他们的理论进一步奠定了科学文化发展的基础，为以后大学科学文化的发展开辟了广阔的道路。

毕业于牛津大学的霍布斯，他的思想包括认识论和政治哲学，他使培根的唯物主义哲学进一步系统化；毕业于牛津大学的英国哲学家洛克，是全面系统地阐述宪政民主基本思想的第一位作家，他提出的三权分立思想和自由平等思想对西方国家产生了深刻的影响；毕业于剑桥大学的弥尔顿，提出了共和思想并进一步阐发了自由思想，他的“人民主权”言论成为法国大革命的先导。

3. 伴随着西方国家的大学改革，大学理念、大学精神等大学文化获得了较大发展。

19 世纪，针对传统大学保守和反科学的局面，西方各国的大学纷纷进行了改革，其中，德国首先进行了大学改革运动。哈勒大学和哥廷根大学等首次废弃了中世纪大学流传下来的经院主义课程，使哲学脱离神学成为独立的学科。哈勒大学以近代哲学和近代科学为教学内容，“使大学的性质从根本上得到改观。它摆脱了传统教条的束缚，成为领导学术界进行创造性科学研究的开路先锋”。[①] 由威廉·洪堡和费希特共同创办的柏林大学，对大学制度进行了创新，通过创新确立

① 滕大春：《外国教育通史》，山东教育出版社 1994 年版。

了科学研究在大学中的中心地位，建立了以科学研究和教学相结合的内部运行机制，同时还建立了旨在保护大学“教”、“学”自由的国家的责权范围。“大学自治”、“教授治校”、“学术自由”、“甘于寂寞”和“教学与科研相结合”等理念构成了威廉·洪堡大学思想的精髓，威廉·洪堡被认为是德国大学改革的先驱。[①] 在大学改革的过程中，西方学者对大学理想、大学理念、大学精神等大学文化进行了探讨和研究。

应该说，19 世纪经典大学理想并没有盲目追求和狂热崇拜当时流行的科学及理性精神，它体现着强烈的人文色彩。古典人文主义教育传统的重要代表人物纽曼在他的《大学的理想》一书中坚守自由教育的理念，认为大学的功能是教学，而不是其他，大学教育应通过传授普通的知识培养优秀的智力，使学生成为具有智力发达、情趣高雅、举止高贵、注重礼节、公正、客观等优秀品质的绅士。他对功利主义、科学主义色彩的大学文化提出批评，认为大学人文文化应回到古代雅典，回到亚里士多德时期。[②]

洪堡的观点与纽曼不同，他认为教育是人的目的，也是人的最高价值体现，大学的目标不在于为某一职业做准备，而在于培养完人，使人的人性得到和谐全面发展；同时他认为大学精神是建立在科学精神的基础上，强调大学立身的根本原则是在最深入最广泛的意义上培植科学，并使之服务于全民族的精神和道德教育。[③] 这一时期大学的变革和大学思想的碰撞促进了大学文化的发展和繁荣，也推动了社会文化的进步。

4. 美国的高等教育开始兴起，形成了具有美国特色的大学文化。

美国的高等教育最初是移植了英国的模式，然而，美国大学在其发展过程中逐步吸取了不同的大学制度和思想，并和美国本土相结合，逐步发展起来有鲜明美国特色的大学，并逐步形成了具有美国特

---

① 严峰：《中国大学文化研究》（博士论文），复旦大学 2005 年 4 月。

② ［英］约翰·亨利·纽曼：《大学的理想》，浙江教育出版社 2001 年版。

③ 李长真：《大学文化与当代中国先进文化研究》（博士论文），华中师范大学政治学研究院 2006 年 10 月。

色的大学文化，即学术性学科和实用性学科同在一校，教学、科研和社会服务三者兼容，公立大学和私立大学共同发展，英才教育和大众教育灵活多样，办学方式灵活多样等。

威斯康星大学校长范·海斯提出的“威斯康星思想”对美国大学产生了重要的影响。他认为，大学必须为社会服务，一是培养有知识能力的公民，二是发展和创造知识，三是传播和推广知识，使之解决经济、政治和社会中的实际问题。① 他以直接为社会服务为出发点，将大学的教学、科研和社会服务三项职能统一起来，体现了实用主义的价值观念。这种思想因其得到美国总统的肯定和社会的公认，在20世纪初期成为支配美国大学发展的主流思想。

近代大学文化获得了长足的发展，为现代大学文化的发展奠定了坚实的基础。19世纪的经典大学理想基本体现了大学的理想和追求，其精髓仍然存在于今天大学的理想当中。难怪有学者认为，“经典的大学观念形成以来的175年中表现出惊人的内在一致性。尽管历经政治变革，尽管不断建立了许多新型大学，但经典的大学观念至今仍是持不同学术立场的学者所能接受和理解的一个理想、完美的观念”。②

三、现代西方大学文化的发展

现代大学文化的发展在继承以往大学传统文化的基础上，又根据时代的要求不断进行文化演进，从而呈现出多样化的发展态势。大学作为文化机构，不仅是各国社会主导文化的组成部分，而且成为综合国力的竞争因素。为此，几乎每个国家根据国情都对大学进行了改革，目的是培养国家发展所需要的各种人才。

随着后现代主义等思潮的兴起和传播，人们对社会、自然和人本身及相互关系给予了极大关注，从而使以往的大学传统文化注入了新的文化内涵。这一时期西方国家的大学文化都获得了快速发展，下面将列举三个最有特色的国家进行介绍和说明。

---

① 王俊丽、姜新生：《西方高等学校职能的演变》，载《教书育人》2004年第8期。

② ［德］赫尔曼·勒尔斯：《经典的大学观念：洪堡构想的大学观念的起源及其意义》，载《外国高等教育资料》1994年第五期。

1. 美国取代德国的地位，成为现代大学文化新的领跑者。

如果说 19 世纪是德国大学文化占主导地位的时代，那么 20 世纪就是美国大学文化居于统治地位的时代。美国的大学文化与英国、德国的大学文化之间有着深刻的渊源，既有继承关系，又体现着创新与发展。总的来说，它是一种基于现实主义又包含着自由思想的大学文化。这一时期美国涌现出了一批著名的高等教育思想家，许多先进的大学理念和制度都是先在美国形成，然后为其他国家所仿效。

20 世纪初期，高等教育思想家将理性主义和实用主义的哲学思想运用于教育，形成了大学文化思想的两大流派，即理性主义流派和实用主义流派。理性主义认为，人永远是教育对象，人的个性发展和知识传播，是大学文化的最高原则；注重人的自我完善，不顾实用性和职业性。实用主义认为，大学文化的标准是实现价值和创造价值，教育是职业的准备。这两种文化思想在冲突和融合中构成了美国大学文化的特征。这一时期，实用主义思潮适应了社会发展的需要，在美国居于统治地位，但是这种思潮也存在着许多弊端。

针对实用主义思想的弊端，许多著名教育思想家进行了批判。美国著名高等教育思想家亚伯拉罕·弗莱克斯纳（Adraham Flexner）以犀利的笔锋对其进行了批判，并提出了他的大学文化思想。他指出，“现在，科学一方面扩大了我们的视野，增加了我们的享受，解决了我们的问题，同时也带来了自身特有的危险。我们可能会被在知识和控制力方面取得的进步冲昏头脑，以致我们失去历史感，失去哲学眼光，看不到文化的价值”。[①] 同时，他主张大学应加强哲学和人文学科的研究，实现科学教育与人文教育，科学精神和人文精神的均衡发展。

20 世纪 50 年代，曾担任芝加哥大学校长的美国著名高等教育思想家赫钦斯（Robert Maynard Hutchins）对大学实用主义思想也进行了批判，提出了大学永恒主义教育理论。他认为，大学是人格完整的象征、保存文明的机构和探索学术的社会，大学是独立思想和批评的中

① 刘宝存：《大学理念的传统与变革》，教育科学出版社 2004 年版。

心，而现在的大学正脱离大学的理想而成为国有工业和社会发展的服务站，这是非常危险的。假如把大学改为国有工业，则人类必将遭受严重的损害，就像丧失智慧和光芒一样。①

随着第三次科技革命的发展，美国社会各个领域都发生了深刻变化，这也就导致了社会思想和文化观念的变革。随着社会思潮和观念的发展，大学文化研究方式也开始从传统向现代转变。这一时期大学文化呈现出多元文化共同发展的局面，具有代表性的有工具主义、科学主义、人本主义和存在主义等大学思想。工具主义思想是与实用主义一脉相承，是实用主义的另一种表现形式；科学主义思想的核心是相信科学技术的力量，试图通过科技的发展解决人类面临的困境和问题；人本主义思想继承了理性主义极力推崇人性的观点，将人文精神脱离科学理性，走向了和科学主义相反的极端；存在主义思想认为大学是满足个体需要和求知欲望的场所，同时大学还肩负着社会发展的责任。

美国最负盛名的大学文化思想研究者之一克拉克·科尔（Clark Kerr）被公认为是美国大学改革的设计师，他认为“现代美国大学不是牛津大学，也不是柏林大学，它是世界上一种新型的机构，是多元化巨型大学，而这种大学，才是真正意义上的现代大学”。② 科尔站在历史的高度和现实的深度理解大学文化，对 20 世纪 60 年代美国大学改革和发展产生了非常大的影响。

20 世纪 70 年代以来，随着科学技术的快速发展，美国大学文化思想发生了新的变化。这个时期，美国大学文化的特征可以概括为以下几点。

（1）对大学文化进行反思和批判，开始重视人文教育。许多学者对人文教育和人文学科的现状进行了批判，阐述了人文教育在社会和人的发展中的重要作用。强调既要重视科学教育，又要重视人文教育。

---

① 刘宝存：《大学理念的传统与变革》，教育科学出版社 2004 年版。

② ［美］克拉克·科尔著，陈学飞等译：《大学的功用》，江西教育出版社 1993 年版。

（2）许多学者认为大学要增强社会意识和责任感。随着科学技术的快速发展，大学科技主义和工具主义思想盛行，通过教育让位于智力训练，核弹头的数量要比个人的道德自律重要，针对这种现实，学者们纷纷要求大学要增强社会意识和责任感。

（3）大学文化的“特色”明显。美国大学文化的特色明显，这是由大学的特色决定的。多样性是美国高等教育的一个突出特点。由于各个大学传统、办学思想和社区条件不同，再加之高等教育有相当的自主权，美国不同类型、不同层次大学和大学文化的特色明显。随着市场经济竞争日益激烈，美国大学和大学文化的特色也在不断发展。

（4）大学文化国际化思想得到发展。美国当代著名的高等教育思想家德里克·博克（Derek Bok）认为，现代大学已经不再是传统的修道院式的封闭机构，而是沟通生活各界、身兼多种功能的超级复合社会组织，大学文化要国际化，加强合作与交流。

从总体上来看，美国的大学关注社会的需要，又不以损害学术自由为代价，与之相适应，美国的大学文化建设一方面很重视社会发展的需要，另一方面学术自由仍是美国大学文化建设的基本准则。正因如此，美国的大学和大学文化一方面体现着经典大学理想的光辉，另一方面又洋溢着生机和活力。

2. 为了适应现代社会发展的需要，英国的大学理念发生了深刻变化。

20世纪初期，英国经济社会获得了巨大发展，人们对高等教育的需求增大。为了顺应这种时代需求，英国出现了一些称之为“红墙大学”的大学，这些大学一般先由私人资助成立，然后和医学院等大学附属机构合并，最后在政府的支持下成为独立大学。这些大学与英国的传统大学不同，它们同当地经济的发展联系密切，后来许多“红墙大学”也发展成为世界名校，如伯明翰大学、利物浦大学等。“红墙大学”在服务地方经济的过程中发展了自己的优势，走出了一条独具特色的大学成功之路。

独立大学运动使更多的英国人接受了大学教育，使英国大学走出了象牙塔，改变了英国大学的形象。

“二战”后英国发现传统的精英教育无法适应经济社会发展的需要，于是对大学进行了改革。1961 年政府出台了《罗宾斯报告》，报告对英国大学的教育理念和模式进行了重大调整，扩展了高等教育内涵，使教育学院、高等技术学院和继续教育等都纳入了高等教育范畴，使英国高等教育体系趋于完整，从而使英国高等教育进入了一个快速发展的时期。英国的大学理念由精英教育转变为大众教育。经过了 20 世纪 60 年代的扩张，到了七八十年代，英国高等教育经历了一个调整阶段。1987 年英国政府公布的《高等教育——应付新的挑战》，要求以提高教育质量为中心，进一步对高等教育进行改革，以适应本国经济科技和社会发展的需要。1988 年英国国会通过的《教育改革法》，对教育体制和各级各类教育都采取了重要的改革措施。通过改革，中央政府进一步加强了对高等教育的控制和管理，高校对政府财政的依赖性减少，高等学校与企业界联系日益加强，高等教育为经济发展服务的职能得到加强。

到了 20 世纪 90 年代，英国的高等教育已经成为结构多元、系统开放的较为完整的体系。英国的大学按其产生的背景可分为 5 类，即牛津与剑桥大学、伦敦大学、地方大学或城市大学、新大学、原多科技术学院升格的大学。如此繁杂的大学系统，是标准的“英国现象”，每一类大学都反映了某一阶段的历史，故英国的大学有“大学历史博物馆”之称。

英国大学在变革和发展的过程中，大学文化形成了自己的特色。从中可以看出，英国为了国家发展和综合实力的增强，其大学的发展理念已经发生了深刻的变化，政府开始重视对大学的宏观管理，大学为社会发展服务的功能得到加强，大学体系也日益完善并不断向纵向（终身化）和横向（社会化）发展。

3. 第一个社会主义国家苏联对大学进行了改革，形成了苏联模式。

十月革命胜利后，为了发展适应苏联革命建设需要的高等教育，苏联对大学采取了一系列改革措施，包括改革招生制度、确保工农子弟入学；对大学和课程进行改造；强调党对高校的绝对领导；设立各类单科技术学院，调整专业结构以培养经济社会发展急需的专门人才和管理干部等。通过这些措施，苏联高等教育取得了巨大发展，高等教育体系逐步完善，入学规模不断增加，为国家培养了大批急需的专门人才。同时，由于推行专业教育，过分强调专门化，教学内容过分注重知识技能、技巧的掌握，科学教育与人文教育发展失衡，以至学生的道德意识和社会责任感比较薄弱。

"二战"后到20世纪70年代，苏联国民经济发展势头迅猛，高等教育也获得了新的发展。70年代后，苏联政府颁布了一系列文件，旨在提高高等教育的质量，其内容主要包括：改进高等学校的布局，以培养当地的专业人员为当地经济发展服务；调整高等教育的内部结构，以适应国家经济和科技发展的需要；强调教学与科研相结合，从根本上提高培养人才的质量；要求合理使用人才，以提高高等教育的经济效益等。①

原苏联解体后，俄罗斯高等教育一度陷入困境。1992年7月俄罗斯联邦颁布了《俄罗斯联邦教育法》，对教育事业发展作出了新的规定，规定其改革的重点是探索和建立与新的社会政治经济体制相适应的教育体制和办学模式。

原苏联模式的高等教育使苏联的高等教育获得了巨大的发展，但同时也暴露了许多问题。原苏联大学文化的发展呈现出与大学发展相一致的特点：大学文化建设和发展受其国家发展的影响，几经起落；大学文化建设在坚持党的领导下获得了很大发展，各个大学大学文化的共性明显，而特色不足；强调为社会发展培养所需人才，注重大学文化服务社会功能的发挥。

纵观西方大学文化的发展历史，我们可以发现，大学文化的发展，与社会的发展密切相关，同时总是伴随着冲突与融合。大学文化研究在冲突与融合中获得了源源动力，推动着大学和大学文化健康持续的发展。

---

① 杨汉清、韩骅：《比较高等教育概论》，人民教育出版社1997年版。

第二节 当代西方国家大学文化发展的基本特点

随着社会经济发展的加速和知识经济时代的到来，当代西方大学文化发展呈现出一些新的特点。虽然各国国情和各校校情不同，但通过总结归纳，我们发现当代大学文化发展还是存在共性的。当代西方国家大学文化发展存在的基本特点主要表现在以下六个方面。

1. 为适应社会发展的需要，普遍重视现代大学精神和理念的培育。

随着社会的快速发展，社会对大学发展提出了更高的要求。为了适应社会对大学提出的新要求，也为了大学能够实现可持续发展，西方大学都非常重视大学精神和大学理念的培育与塑造。

哈佛大学是美国在世界上最负盛名的大学之一，几个世纪以来，哈佛人在校训“以柏拉图为友，以亚里士多德为友，但更要与真理为友”的指导下求实崇真，设立开明的行政管理制度，创造了辉煌的教学科研业绩，在国际上享有盛誉。

剑桥大学是英国在世界上影响力最大的大学之一，剑桥大学在校训“剑桥——求知学习的理想之地”的指导下，强调文化融合和学术自由。剑桥大学非常重视传统，同时又具有很强的开放性，世界一流大学的学者经常到剑桥授课或进行科学研究。

耶鲁大学是美国最古老、最负盛名的大学之一，在校训“真理和光明”的指导下，积淀而成了独立自治、知识至上和以书立校的理念，强调服务社会的理念，倡导师生从多方面服务社会。

2. 为适应时代发展，大学非常重视现代大学制度文化建设。

纵观西方大学文化发展史，我们会发现大学文化的发展过程总是伴随着大学制度文化的不断发展和创新。

中世纪的行会组织方式对中世纪大学产生了重要影响，使其具有了明显的制度性特征，这就使得大学具有了衍传的可能性，导致了真正意义上大学的产生。

柏林大学在继承传统大学一些形式的基础上，在培养目标、教学制度等方面进行了根本性的变革，成为现代大学之先河。

美国将英国的学院观念和德国大学的观念与美国的国情相结合，通过制度创新建成了具有强大影响力的美国大学。

今天，随着知识经济时代的到来，知识在社会发展中的作用日益重要，建立现代大学制度文化已经成为时代发展的必然，成为人们关注的焦点。

3. 坚持科学精神和人文精神并重。

科学主义和人文主义是西方哲学史上的两大哲学流派，也是当代哲学的两大哲学思潮，对西方大学文化产生了深远的影响。西方大学文化的发展史表明，科学主义在反对落后势力，促进社会发展方面曾作出了巨大贡献，但科学主义教育也有明显的弊端，即不能保证掌握科学技术的人肯定将其掌握的科学技术用于造福人类的目的，这就需要人们重视人文教育。人文主义注重研究人类的自我关怀，主张思想自由和个性解放，肯定人是世界的中心，注重人的价值取向和人文精神的塑造，但忽视了人们对技术理性的追求。

正如英国哲学家、教育学家怀特海指出的那样，“没有纯粹的技术教育，也没有纯粹的人文教育，二者缺一不可”。所以现在西方大学在发展大学文化时非常重视科学精神和人文精神并重。

4. 坚持“以学生为本”，注重学生创新能力和个性的发展。

西方大学都非常重视学生的个人选择，坚持“以学生为本”，注重为学生的创新能力和个性的发展服务，努力让每个学生都得到最好的教育。为了培养学生的创新能力，西方大学采取了许多措施，这些措施包括适应学生个性发展，改革教学方法；设立创新基地，在实践中创新；建立有效激励机制、鼓励学生参加科研活动等。

为了让学生个性得到发展，西方大学还非常重视学生的主体作用，支持和鼓励学生参与学校教育及管理工作；注重发挥学生社团的积极作用，作为学生课外活动的有效载体，学生社团通过丰富多彩的课外活动，拓展了学生的交际圈，增强了学生的人际交往能力，同时也有效地激发了学生的求知欲和学习热情，培养了学生动手动脑等综合能力。

5. 开放性成为现代大学文化的显著特征之一。

20世纪90年代以来，随着政治多极化、经济全球化、文化多元化和信息网络化趋势的迅速发展，在世界范围内兴起了新一轮大学国际化的浪潮。过去，西方大学从象牙塔走到了社会边缘，现在又逐渐走到了社会的中心，为社会经济发展服务日益成为大学的主要职能之一，开放性成为西方大学文化的显著特征之一。西方国家大学积极开展对外交流与合作办学，在世界各地广泛进行招生宣传，吸引外国留学生。

此外，许多大学还通过举办各种国际性画展、国际性学术会议和国际性体育、艺术活动，促进文化的交流。

6. 突出环境育人的功能，普遍重视大学环境文化建设。

大学精神文化、制度文化、行为文化等是大学文化的重要组成部分，为了体现大学文化环境育人的功能，西方大学普遍重视大学环境文化建设。哈佛大学不仅有美丽的校园，同时，大学实行学校自治，校友会选举校长的管理制度，在所有大学中率先实行选修课制度，推行通识教育，营造宽松而又浓厚的学术氛围。校园活动丰富多彩，文艺表演和体育活动十分活跃，哈佛最古老的剧团“速成布丁俱乐部”各季都演出新颖独特的音乐喜剧。

良好的校园环境，浓郁的人文气氛，不仅可以陶冶学生的思想情操，培养良好的行为习惯，而且可以增长知识，提高审美情趣，促进学生综合素质的全面提高。大学环境文化是对大学教育的有益补充，它对学生的影响是在潜移默化中完成的。

第三节　西方国家大学文化发展对我国的启示

当前，我国的大学文化建设日益受到国家和社会的重视。他山之石，可以攻玉。我国的大学文化建设，必须在立足自己国情的基础上，借鉴西方发达国家大学文化建设的先进经验。只有这样，我国的大学文化建设才能不断取得新的突破和进步。

纵观西方大学文化的发展历程，结合我国大学文化的建设实际，我们会发现西方国家大学文化发展主要给了我们九个方面的有益启示。

1. 重塑大学精神，实现社会服务与大学理想的有机统一。

在当代社会，功利主义或实用主义已经成为主导的社会价值，很多大学也受到了这种社会价值的冲击，教育也开始过分地追求功利和实用，但是，回顾西方大学发展的历程我们可以发现，世界各大名校之所以能够在大学中出类拔萃，关键在于在为社会服务的同时还坚守了大学的理想——追求真理。

在我国，当代大学与社会的关系越来越紧密，无论是知识的创新，还是人才的培养，都要注意为社会的发展服务。大学必须根据经济、社会发展的需要对学科专业结构进行调整，努力探索更能适应社会经济发展需要的办学模式。但为社会、经济发展服务只是大学的主要职能之一，它还要追求真理。

大学的崇高理想，在于追求真理和知识，大学是一个独立的学习、思考、批评中心，大学应当保持自己办学的自主权，应当与社会保持适当的距离，大学不应只成为专门人才的加工厂，还应以发展人性为其根本，所以，我国大学在文化建设过程中应当强化大学精神的塑造，实现大学社会服务与大学追求自身理想的有机统一。

2. 既要重视大学科学文化建设，又要重视大学人文文化建设。

西方大学文化发展史告诉我们，大学科学文化建设在大学文化发展过程中作出了巨大贡献，可以说，没有大学科学文化的发展，就不会有现代大学的今天；但仅重视大学科学文化是不够的，重视大学人文文化建设有助于弥补大学科学文化的不足，有助于实现大学文化的健康全面发展。大学科学文化是对“事实”和“真”的追求，人文文化是对“价值”和“善”的追求。我们既要崇尚科学，又要弘扬人文，使教育对象的科学素质和人文素质浑然一体，相互促进，使人与社会都能得到全面、和谐的发展。

今天中国的大学在大学文化建设过程中重视大学科学文化建设无可厚非，但同时也要重视大学人文文化建设。这既是人与社会发展的必然要求，也是培养具有全面发展人才的必然途径。

3. 在大学文化建设过程中强调教学与科研相结合的原则。

在德国大学的影响下，教学与科研相结合的原则在欧洲、北美大学逐渐得到承认，今天，教学与科研相结合的原则已经得到人们的普遍认同。

大学的主要职能是培养人才，特别是创造型人才的培养是提倡教学与科研相结合的基础。教学与科研既有相互促进的一面，亦有相互矛盾和相互影响的一面。坚持教学与科研相结合的原则，就是要正确处理好教学与科研二者之间的关系。现代大学中出现的重科研、轻教学的现象已经不同程度的影响到人才培养质量的提高。所以在这种情况下强调教学与科研相结合的原则显得尤为必要。当然，强调二者之间的结合，并不是不重视科研，而是既要重视科研，又要重视教学，实现教学与科研二者的有机结合，促进大学和大学文化的发展。

4. 大学要想在竞争中立于不败之地，大学文化必须在继承的基础上不断创新。

现代大学是一个开放的系统，大学文化是开放的文化。大学文化既有排他性，又有融合性。当不同文化相遇时，大学人尤其是大学的决策层要充分发挥其主观能动性，合理吸收外来文化中的积极因素，摒弃其消极因素。

大学学术研究是大学文化主要形式的创新活动，它以学科专业研究为基础，涉及自然科学和社会科学的方方面面。现在大学的学术研究已经超越了自身狭小的范围，与其他大学开展多种多样的学术交流，并不断超越国界，开展广泛的国际合作，推动着大学知识体系不断创新，产生新的大学文化。鉴于大学文化创新的重要性，大学必须要重视大学文化创新，尤其是学术研究的创新。

5. 大学在大学文化建设中必须树立“以人为本”的理念。

西方大学十分注重学生主体作用的发挥，注重学生创新能力的培养，注重学生个性的发展，这都是“以人为本”理念的直接体现。大学文化建设坚持“以人为本”，是社会发展的要求，也是现代大学文化建设的要求。

我国大学文化建设坚持“以人为本”，有两层含义，一是坚持以学生为本，强调学生的主体地位，为学生的发展服务；二是坚持以教师为本，强调教师的育人功能。

树立“以人为本”的理念，体现在大学文化建设的方方面面。以学生为本，就要让他们在丰富的大学学习和生活中获得个性的成长与发展，加强学生社团建设是其重要途径之一。

我国大学学生社团近年来不断发展，在学生中的影响力不断扩大，对学生发展的作用也日益明显，但不可否认，在学生社团建设中还有不少问题有待解决。学生社团是大学文化的重要载体，是学生课外活动的重要载体，为了有效发挥学生社团在学生管理和发展中的作用，大学必须加强对学生社团的引导和管理，要把学生社团作为大学文化建设的重要载体之一紧抓不放，建立一批能够满足青年学生多元文化需要的学生社团。要重视培养一批热心大学文化建设，有一定专业特长的师生骨干。

大学文化传承的主要载体是教师，尤其是具有人格魅力和学术造诣的大师以及优秀的科研教学骨干。高校在办学中要做到以教师为本，充分调动和发挥广大教师的积极性与主动性，全心全意依靠他们共同建设学校，同时让教师共同享受学校发展的成果。在教师队伍建设中要特别重视青年教师队伍建设，因为青年教师参加工作时间不长，学术、教育能力较弱，生活负担相对较重，思想困惑相对也多，所以大学尤其要重视青年教师队伍建设，给予他们事业上更多的支持，生活上更多的照顾，让他们安心做好自己的工作。

6. 创新制度文化，大学要重视现代制度文化建设。

俗话说得好，“国有国法，家有家规”，这里的国法、家规所指的就是制度。经济全球化时代，中国的大学既要迎接高等教育竞争日益激烈的挑战，又要解决自身存在的一系列问题，这些都要通过创新和发展大学制度文化来从根源上加以应对。正如潘懋元教授所指出的，“大学要完成其使命，还有许多制度方面的问题需要解决，而且没有现成的解决方案。开展现代大学制度研究，促进大学制度现代化，是我国大学完成其使命的需要”。①

① 潘懋元：《走向社会中心的大学需要建设现代制度》，载《现代大学教育》2001年第1期。

重视现代大学制度文化建设，不但要注意借鉴国外大学发展制度建设的先进经验，更要注意激发全体大学人的积极性和主动性，为大学制度文化建设建言献策，这样制定出来的制度不但科学，而且能够得到大学人的支持和充分参与。

7. 大学领导者在大学文化建设过程中起着非常重要的作用。

大学领导者是先进教育思想的探索者、传承者，也是学校教育的组织者和领导者，他们是带着自己的理念来治理大学的。纵观西方大学文化发展史我们可以发现，西方研究大学文化的学者许多都是大学领导，尤其是世界一流大学的领导。哈佛大学校长查尔斯·艾略特根据自己的大学理念大胆进行课程改革，主张平行课程，建立课程选修制，改造传统学院，使人们认识到各个学科在高等教育中具有相同的价值，为实用课程的开设提供了合法性理论基础，促进了大学教学组织的改革，创新了学校人才培养的模式结构，改变了大学的办学方向。可见，大学领导者在大学文化建设中起着非常重要的作用。大学领导者在实践中开展大学文化研究，将实践上升到理论，反过来又指导着学校的建设和发展。

8. 大学要重视环境文化建设。

西方大学在校园建筑、图书馆、体育馆等物质文化建设方面作出了巨大的努力，这不仅美化了校园，而且为学生的发展创造了良好的文化环境。以哈佛大学为例，哈佛大学濒临查尔斯河，所在的坎布里奇镇有着古色古香和幽静典雅的气氛，校园里古树参天，楼房林立，近400栋建筑物错落有致地坐落在绿树之中，校园建筑物风格迥异，处处体现着古典美和现代美的有机结合，学生身处这样的校园怎能不受到美的熏陶和影响。我国的厦门大学，以及“清华园”、“未名湖”等已经成为了大学的文化符号。

加强大学文化建设，首先必须加强大学环境文化建设。大学环境文化建设必须要通盘考虑教学、科研、生活和育人的功能，注重提升大学物质形态中的文化含量，全面研究和思考校园建设的整体布局、功能定位、建筑风格、建筑质量，精心设计、精心实施，努力做到现代气息和文化气息的有机统一，力争建设一些经得起历史检验的校园建筑的经典之作。按照既有齐全的现代化功能，又有较高的审美价值的原则，打造出一批高标准的“数字化校园”，高品位的“人文校园”，让学生身处其中，既能感受到现代化气息，又能感受到浓厚的文化气息，在不知不觉中受到启发和教育。

9. 各高校进行大学文化建设时必须体现出“特色”。

西方著名大学都有自己的办学特色，这是它们核心竞争力的体现。

大学要形成自己的办学特色，必须要立足本校实际，集中力量建设一批高水平的特色优势学科，按照“有所为，有所不为”的原则，实施非均衡的发展战略规划，打造一批特色优势明显的学科，并不断进行创新。

大学要办出特色，人才是关键，必须实施人才强校战略，不断加大高层次人才的引进和培养力度，制定和完善更加开放、灵活的人才引进和奖励政策，为大学文化发展提供人才保障。

总之，面对经济全球化、政治多极化、文化多元化和高等教育国际化的新形势，我国的大学应该成为继承、传播民族优秀文化的重要场所和借鉴世界进步文化的窗口，成为发展中国特色社会主义先进文化的重要基地、示范区和辐射源。因此，高校要把大学文化建设作为一项具有基础性、战略性和前瞻性的重要工作来抓，在立足本校实际的基础上，借鉴西方发达国家大学文化建设的先进经验，走出一条适合本校校情的大学文化发展之路，让中国的大学实现可持续发展，让更多的中国大学步入世界名校的行列。

“结构决定功能”，大学文化的结构决定着大学文化功能的有效发挥。研究大学文化的理论结构和应用结构，不但有助于推动大学文化研究的进一步深入，而且有助于促进大学文化建设的健康发展和大学文化整体功能的有效发挥。

第四章　大学文化的结构

“结构决定功能”，大学文化的结构决定大学文化功能的发挥。大学文化是社会文化系统中的一个分支，一个子系统，它是在对社会文化进行选择、批判、吸收、改造和传承中积淀而形成的。相对于其他的社会文化子系统来说，大学文化具有其自身独特的功能。为了更好地发挥大学文化的功能，我们对大学文化的结构从理论和应用两个方面进行探讨。

第一节　大学文化的理论结构

大学文化是一种具有自身特点的亚文化形态，它类属于社会文化。为了研究的方便，我们将从理论结构和应用结构两个维度对大学文化进行介绍。大学文化的理论结构，即大学文化的层级结构，主要由大学精神文化、大学制度文化、大学行为文化和大学环境文化四个部分组成（如下页图）。可以把大学文化的理论结构形象地比喻成金字塔形，是以大学精神文化为引导，大学制度文化为支撑，大学行为文化为体现，大学环境文化为基础的立体型结构，这四个部分之间不是相互独立和毫无关联的，相反，四者是不可分割、相辅相成的统一整体。大学精神文化、大学制度文化、大学行为文化和大学环境文化，自上而下是逐层落实的关系，自下而上是逐层体现的关系。大学精神文化是大学文化的内核和最高表现形式；大学制度文化是大学文化的制度支撑，在大学文化中处于中介层面；大学行为文化是大学文化的行为表现，在大学文化中与大学制度文化一样，居于中介层面，起着承上启下的作用；大学环境文化处于大学文化的表象层，在大学文化中处于基础的地位，它是大学精神文化、制度文化和行为文化的集中反映。

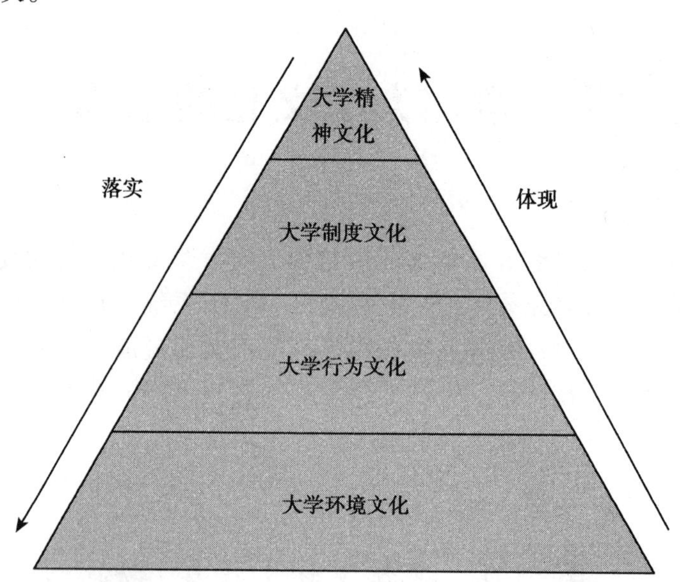

一、大学精神文化

大学精神文化是大学的思想观念系统，是大学人的理想、信念、价值目标和观念体系的总和。大学精神文化的内容主要包括大学的使命、大学的办学指导思想和办学理念；以校风、学风、教风、标语口号等形式表现出来的大学人的精神风貌；以校训、校徽、校歌、校旗等标志性符号表征出来的独具特色的大学精神传统等。它是世代大学人共同努力的结果，是大学文化的内核和最高表现形式。大学精神文化在大学文化建设过程中起着引导的作用，统领着大学文化建设的方方面面，有助于提升大学的文化品位，彰显大学的文化特色。大学精神文化具有积淀性、持久性、开放性等特点。

大学精神文化的积淀性表现在大学精神文化的形成过程当中。大学精神文化是在长期的发展过程中由师生员工所构成的群体在一个核心目标的推动下积淀而成的，在此过程中，每一个阶段，每一个主体都能够为此贡献自身的智慧和力量，这些智慧和力量不断地沉积下来，凝聚成一精神核心，并不断地传承下去。而在传承中，这一精神核心又不断地得到丰富和发展，成为师生员工共同的价值目标和行为准则。大学精神文化的积淀性植根于大学主体精神的不断凝结和传承，这使得大学精神文化既能够发展，又相对稳定。

大学精神文化所凸显的精神氛围对师生员工具有感染和启迪的作用，这种作用是在潜移默化中达到的，能够净化师生员工的心灵，陶冶他们的情感情操，塑造他们的人格风范等，这就是大学精神文化的渗透性。

大学精神文化能够继承历史文化（包括大学自身发展中的）和社会文化的精髓，这种继承使得它具有能够不断地发展的素材和力量。然而，大学精神文化的核心一旦形成，就会相对稳定地存在下去，延续下去。大学精神文化的存在和延续就是它的持久性。

大学精神文化的开放性在大学精神文化的积淀性和持久性的发展中也就体现了出来。大学精神文化要得到发展，就要有充足的素材，而素材的获得不是在一个地方，一个时间段，也不是靠一种途径，而是以开放的方式在不同的文化和亚文化中汲取，并使这种在汲取中所获的种种要素得以糅合，从而使大学精神文化获得长足的形成力和发展力。

大学精神文化建设在大学文化建设中处于核心地位，它是大学文化建设的基础和根本。一所大学的精神文化越丰富，那么，这所大学的师生员工的思想就越积极向上，精神也就越饱满，整个大学的氛围也就越优良。师生员工等是大学文化建设的主体，是大学文化的创造者和推动者。主体一旦受到健康向上、积极丰富的大学精神文化的熏陶、影响和教育，潜移默化地使主体的外在要求转化为内在品格和力量，那么，它就会更好地推动大学文化向前发展。

中外一些著名大学，除了它们具有较好的办学条件外，它们还有着更为重要的东西，那就是它们因严谨、科学、求实、创新的理念精神和追求卓越的态度而形成的精神文化，这种精神文化就体现着大学的办学和教育传统、体现着全体大学人的共同追求。

进行大学文化建设时必须坚持和维护其科学精神与人文精神的有机统一，既崇尚真理，追求真理，又强调人的价值和尊严，重视对人类的终极关怀，旨在造福人类。

此外，在进行大学文化建设时还必须要注重对创新精神、民主精神和民族精神的培育。

二、大学制度文化

英国人类学家马林诺夫斯基认为，人生来就有文化，而文化生来也就有约束，正是以这些约束为工具，文化甚至于人才能得到自由。这也就是说，人要获得自由，就必然要接受文化的约束和支配，而文化的约束和支配往往跟制度联系在一起。因此，各种文化的内涵里有其自身的约束部分，这种约束向外延伸并发挥其作用就构成了制度文化。

大学制度文化是在大学这个特定的组织环境内，大学的管理者制定各种制度的理性原则、价值取向、道德标准、利益观念等一系列观念体系，以及由此而产生的制度体系及所有大学人对制度的理解与态度等。大学制度文化的内容主要包括国家有关高等教育的法律、法规和政策；地方教育法规；学校内部的各项规章制度；观念体系等。与大学精神文化和大学物质文化相比，大学制度文化具有规范性、强制性和稳定性等特点。

在大学文化的结构层次中，大学制度文化处于大学文化中介的位置，起着承上启下的作用。它一方面规范着大学的办学行为，约束和引领着大学师生员工的思维、行为方式和生活习惯、另一方面又为大学的生存和发展提供着制度保障。

大学制度文化由一系列的制度、准则构成，是大学师生员工的行为规范。对于这些规范，大学制度文化往往以一定的形式、规范的语言给予定性或定量的阐述，使大学师生员工知道自己在大学这一特定环境当中该做什么，不该做什么，以及怎样做最好等，这是大学制度文化的规范性。

大学制度文化的强制性是与大学制度文化的规范性相协调的。它是指大学制度文化所反映出的制度的制定者、组织者和管理者对作为参与者的绝大多数师生员工的特定行为有权给予强制性干涉，使他们不致将这种特定行为继续衍化而造成恶果，有必要时给予强制性的惩罚，使他们为他们自己的这种行为所导致的后果负起责任。

在大学文化当中，制度文化的强制性并不是绝对的，它虽然必须，但依然需要以师生员工的自愿为基础，否则，一味强调强制就会带来师生员工的逆反心理，使大学制度文化起不到应有的作用。

大学制度文化中的制度、准则往往具有大众性，它不是针对个别人，而是针对大学范围内的全体师生员工，因此，它的制定和修改不是随便的，需要慎重。时常修改制度等要么会使师生员工无所适从而造成制度混乱，要么就使制度失去其权威性和强制力，失去对师生员工的约束力，从而失去制度文化存在的意义。要想使制度文化能够长期地发挥应有作用，就需要强调它的相对稳定性。

大学自治和教授治校是大学制度文化的重要组成部分，大学自治预示着大学和社会之间的一系列关系；教授治校则体现着大学与社会其他组织管理上的差异，同时也是大学管理的根本特征。大学自治从表面上看似乎是重在制度，实质上它却是大学制度文化的灵魂，即大学制度文化的自主属性。

从一定意义上说，大学制度文化是大学精神文化的延伸和具体化，包括大学章程、发展规划和战略、领导组织及职责、组织机制和机构职责以及关于教学、科研、服务等方面的各种规章制度、行为规范。在另一层面上，它又维系着大学行为文化和环境文化，使大学精神文化的作用通过它而影响到大学行为文化和大学环境文化。

在我国，大学自治和教授治校要适合我国的国情，在进行大学制度文化建设时，一是要坚持党委领导，正确行使党委的领导权；二是要坚持校长治校，依法行使校长的行政权；三是要坚持教授治学，完善教授的民主治学权。

三、大学行为文化

大学制度文化落实在大学主体即大学师生员工的行为中，使之既对大学环境文化又对大学精神文化产生影响，这就构成了大学行为文化。大学行为文化是大学师生员工在教学研究、学术交流、学习生活以及其他服务活动中所表现出来的精神状态、行为操守和文化品位，也是大学文化底蕴与优良传统的精髓在大学师生员工中的集中体现和动态折射。大学行为文化反映的是与社会大众群体行为文化相区别的特殊行为文化。

在大学文化的结构层次中，大学行为文化和大学制度文化一样处于大学文化中介的位置，它是大学精神文化和制度文化的落实，并通过这种落实影响到大学环境文化的建设和发展，使处于表象层的环境文化和处于核心层的精神文化得以连接与沟通，并使二者与制度文化结合构成一个统一的有机体。大学行为文化具有主动性、直接性和随机性等特点。

大学行为文化的主动性是指大学行为文化的核心主体（教师和学生）自觉地以自身的行为来对大学行为文化给予展开，强调的是核心主体的自主行为。核心主体的行为是直接的，而不是间接参与。这种直接行为不但能够感受和体味到大学行为文化，而且还能够推动其发展，这体现出了大学行为文化的直接性特点。大学行为文化的展开又具有随机性，也就是说它可以以不同的方式在不同的场合、不同的时间段体现出来，不全然受一定条件的限制。然而，大学行为文化的随机性不是任意的，它依然有一定的内在尺度，缺少这一尺度，大学行为文化就会因丧失其核心而导向狂迷。

随着时代的发展，当代大学的使命要求大学的教师既要具有深厚的学术造诣，又要富有人格魅力，善于教书育人；要求大学生既要有务实精神和求实秉性，又要具有强烈的拼搏精神和开拓创新能力；要求管理及服务人员既要具有较强的政治道德素质，良好的身体素质，又要具有先进的管理能力和娴熟的业务技能。

为了适应时代发展的要求和更好地履行大学使命，大学行为文化建设一方面要立足于服务社会发展的实际需求，充分利用各种优势，多渠道、多层次、多方面的为社会发展服务；另一方面，服务社会并不代表大学完全是世俗社会的附庸，它具有自身的相对独立性。大学要秉承其培养人才、创新文化、服务社会和引领社会文化发展的要求，张扬个性，遵循“以人为本”的理念和原则进行创新教育。

四、大学环境文化

大学环境文化是大学文化的物化形态，是大学人生存和发展的物质条件。大学环境文化是大学文化建设的基础，处于大学文化表层的位置。大学环境文化是大学文化存在的物质载体，也是大学和大学精神文化存在的物质基础，是大学文化的物质形态与富涵人文的重要载体。大学环境文化具有实在性、根本性和直感性等特点。

大学环境文化的实在性是指大学物质文化实然地存在于大学这一特定空间之中，不被师生员工的意志所左右，也不随他们意志的改变而改变，能够对大学师生员工产生直接影响的特性。大学环境文化的实在性是沿着物质—实践—物质的方式得以实现和展开，也是物质向文化转变的完成。

大学环境文化以最外显的方式映射着大学文化在历史积淀中的不同风格、不同意识以及不同精神，是其他文化形态存在和发展的基础和前提，其他文化形态都必须以它为根本，才能得到展开，这就是大学环境文化的根本性。

与大学环境文化的实在性相关联的是大学环境文化的直感性。直感是就人的认识而言的，认识首先以感觉为基础。大学环境文化对于大学中的师生员工来说，是看得见、摸得着的，是他们能够直接感知到的。只有通过直接感知，师生员工才能感知到大学环境文化的存在。因此，直感性是实在性和根本性的表现形式，也是大学环境文化与其他大学文化形态相区别的最大特点。

大学环境文化内涵丰富，其形式主要表现为各种建筑及建筑群、校园布局格式、人文景观、教学设备器材、图书资料等，它是大学师生员工长期建设的物质成果，也是他们劳动的收获与物化，深深打上了他们智慧的烙印，是他们的智慧、力量、集体感、使命感等的象征。它因积淀着大学师生等创造者和使用者的价值与智慧而具有持久性和持续性；另一方面，它又能够对师生员工给予熏陶和感染，时时刻刻影响着他们的心灵、情感、情操等。

一座寓意深刻的雕塑、一幢别具风格的建筑、一块与周围建筑相得益彰的花园、一座环境幽雅、氛围浓厚的图书馆等无不在装扮校园、点缀校园，无不对师生员工等的心灵、情感等产生潜移默化的影响。因此，大学环境文化是大学文化不可缺少的重要组成部分。建设大学文化就必须要考虑到大学环境文化的多功能性、持久性和持续性等。大学环境文化能够有力地推动大学核心竞争力的提高，重视和加强大学环境文化建设，既是加强大学文化建设的重要步骤和途径，也是大学可持续发展的必由之路。

综上可知，从大学文化的理论结构来看，大学文化是由大学精神文化、制度文化、行为文化和环境文化共同构成的有机统一体，它们之间相互联系、相互渗透、相互影响。大学精神文化是大学文化的灵魂与核心，大学制度文化是大学文化的中介与保障，大学行为文化是大学文化的中介与过程，大学环境文化是大学文化的表象与基础。大学精神文化决定大学制度文化、行为文化和环境文化，大学制度文化、行为文化和环境文化是大学精神文化的反映和具体体现。四者在大学文化中各自占据着重要的位置，缺一不可，共同推动着大学文化建设不断向前发展。

第二节 大学文化的应用结构

大学文化是一种系统性文化，表现形态丰富而复杂，各形态之间相互影响和渗透，从理论上讲，大学文化的结构是由大学精神文化、大学制度文化、大学行为文化和大学环境文化四部分构成的。大学文化的应用结构，亦可称为大学文化的横向结构，是大学文化在影响和提高大学生的品德、智力、综合素质和与人合作等能力时所表现出来的结构，它主要由审美文化、知识文化、素质文化、文体文化等构成。

大学文化的应用结构各部分之间的关系如下图所示，审美文化、知识文化、素质文化和文体文化这四者是相互作用、相互影响、相互促进的关系。同时，它们的内容也存在着相互交叉，是一种“你中有我，我中有你”的关系。例如，素质文化中包含着审美文化、知识文化和文体文化的部分内容，它与审美文化、知识文化和文体文化之间是一种相互作用、相互影响、相互促进的关系。

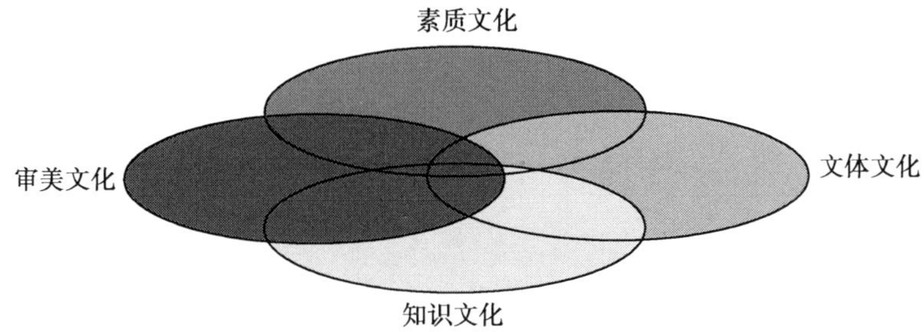

一、审美文化

审美文化是大学文化的重要组成部分，它能够以一定的方式影响和激发大学人的审美情感、高尚情操，有助于培育他们的审美素质。它以欣赏和熏陶为主要方式，从美的方面展开，中间蕴含着大学人的价值观和审美观。法国雕塑家罗丹曾经说过，美到处都有。当大学人在欣赏某座造型别异的雕像，体味一个清新幽雅的花园、典雅或古朴的校园建筑时，便会产生一种愉悦感。这种愉悦感使欣赏者感到赏心悦目、心旷神怡，从而逐步得到美的情感和情感的升华，情操也随之得以提高。这就是审美文化的功能。审美文化不具有范围性，它能够随时随地起作用。将其进行归类，可分为以下几种。

1. 主题性的审美文化。

主题性的审美文化主要展现为一些活动，这些活动具有明确的主题，这个主题是健康向上的，熏陶人的，其主要目的就在于培养学生的审美素质。通过这类主题活动的开展，对大学人造成影响和熏陶，使大学人有助于养成和具有某种与主题相近的审美品格，并在此基础上使自身的情感得以增强，情操得以提升。比如“心连心”活动、“学雷锋”活动、“保护自然”活动、“希望工程”活动等都有助于促进大学生审美素质的健康发展。

2. 日常性的审美文化。

日常性的审美文化体现在大学人的日常生活和活动中，比如教室、宿舍、图书馆、食堂等场所的风格和装饰，大学主体的各式各样的衣装，口味各异的饮食，不同规模的朋友聚会、谈话等都会包含着情感情操型的审美文化，美就在这些行为、方式和活动中得到展现。富有哲理的话，服饰、装饰、饮食、颜色等的搭配，活动中的愉快协作等均有对美的感受和体会，这在无形当中就促成了大学人审美素质的提高。

3. 知识性的审美文化。

知识性的审美文化往往与知识文化相伴随，在知识文化当中展现自己。也就是说，它展开于一切大学的知识活动当中，在知识的传授、交流和创新的过程中能够激起大学主体对知识的热爱和渴求，在对知识的追求中，他们不断地体味着追求知识所带来的种种滋味，品味这些滋味就能够获得情感上的满足和情操上的陶冶。比如讲授文学作品等，这种讲授不仅是在传授欣赏的知识，也在培养欣赏美的心理，于此当中能够升华教者与学者的共同情感，陶冶他们的情操。

4. 技能性的审美文化。

与素质文化相随的是技能性的审美文化，这种类型的审美文化贯穿在技能培养的整个过程当中。在培养过程中，大学人能得到成功的喜悦，这种喜悦就是一种美的体验。与技能的生成相一致的是心理素质的提高和其他素质的发展。

5. 娱乐性的审美文化。

娱乐性的审美文化是与文体文化相伴随的一种审美文化形式，这种形式是最直接的一种审美文化，是在休闲娱乐当中展开的，与知识性的审美文化相对。二者比较而言，后者是在一种比较正规和严肃的氛围中展开的，而前者则是在轻松的欢快的氛围中展开，在轻松欢快中大学人的情感和情操就得以体现和升华。这种类型的审美文化主要是通过一种文化氛围起作用，例如舞会、音乐会、联欢会等就是这种形式。

综上可知，审美文化在提高大学生的审美素质和道德水平方面发挥着非常重要的作用，它是提高大学生综合素质的重要组成部分。

二、知识文化

知识文化是大学文化的重要组成部分，它是以智力为主，在对知识进行传播和创造的过程中而逐步形成的蕴涵一定价值取向、情感情操、心理品质等在内的求知与思辨等的集合体。从社会学的角度看，大学文化的主体——教师和学生等构成的群体是知识密集型的社会群体，他们集中体现着对于知识的追求和创新，而这也是他们与其他社会群体的显著区别。

大学的重要使命之一就是对知识进行传承和创新，这就注定了大学不仅自身要具备丰富的知识，还要具有厚重的文化底蕴，同时还必须要具备和体现某种价值观念、道德情操、精神风貌、心理品质等。

社会在不断进步，新事物也在不断产生，与新事物相关的新知识也在不断地产生，突破旧知识，创造和传播新知识，提高知识的运用能力，这是大学使命的具体呈现和大学文化中知识文化的功能。因此，大学自创建之日起就包含着浓厚的求知氛围，这也就为知识文化的形成和发展准备了条件。知识文化主要有以下几种形式。

1. 教学活动。

教学活动是由“教”和“学”两个环节相结合而构成的，它是科研活动和学术交流活动的延伸。科研活动和学术交流活动的成果不仅通过探讨、交流、发表论文和出版专著等使知识得以推广和传播，尤其还要通过教学活动使知识得以延续和传播。因此，教学活动是传承知识的落实。“教”的发出者是教师，教师在“教”中将自身的知识和研究成果教授给学生，使学生在接受中实现对知识的巩固和再创新，实现了知识的传播；“学”的施出者是学生，学生以“学”来巩固教师所传授的知识，并从中获得心理体会、感受、疑问、解答等，从而达到对知识的接受和再创新。

在教学活动中既蕴涵着教师的智慧、情感情操、人格魅力等，也隐含着学生的知识渴求、人格塑造、情感升华、价值实现以及智慧构造等，使此活动包含了非常浓厚的文化品质和文化氛围。教学活动是知识文化中最一般和最直接的一种形式，也是知识文化的普遍体现与展开。

2. 科研活动。

与教学活动一样，科研活动也是一种普遍的、要求较高的文化形式。它是研究者（教师以及一些创新能力强的学生）在自身所涉入并具有一定资历的科学、人文等诸多领域中的某一或某几个领域对其中的研究争议、研究空缺、研究定论等给予总结、弥补和开创所进行的一系列研究性活动。科研活动以探索为核心，是知识创造的最直接体现，也是创新能够实现的必要条件。它包含着对于学术的憧憬和崇敬，以及由这种憧憬和崇敬所带来的学术自由，展现为对既有学术观点、发现、成果、成就等的突破与创新。学术交流活动若要展开，就必须以科研活动为基础和前提，只有存在科研活动，学术交流活动才有展开的可能。

3. 学术交流活动。

学术交流活动是大学中比较普遍和突出、智力性要求较高的一种文化形式，它并非简单的文化传扬，而更是一种兼探索性和求知性在内的活动。不仅如此，它还具有创造的特征，即发现和开辟新的研究领域，创造新的精神财富，培养后继的学术人才等。

学术交流活动的主要形式有学术报告、学术研讨、学术讲座、社团沙龙等。这些形式的学术交流是大学研究者（教师以及一些创新能力强的学生）就其研究的发现和最新成果作公开的交流、论争和传扬，交流的范围不限于本校，还可以在大学之间、国外的大学和其他科研机构之间展开。这些交流具有互通研究信息、交换研究发现和成果、加强学术协作和沟通、促成研究成果转化等作用。通过学术交流，研究者可以将其发现和研究成果进一步给予改进及完善，也可以将其研究整理成著作、论文等，在更大的范围内传播。

综上可知，知识文化是培养大学生智力的重要方式，在提高大学生的智力方面发挥着非常重要的作用。

三、素质文化

素质文化是大学文化的重要组成部分，它是围绕大学生的综合能力的培养所形成的特定的文化现象，主要表现为技能生成的设备和环境、生成技能的方式和途径、技能的表现氛围和场所等。

素质文化主要针对的是技能，通过技能而养就一定的素质，素质的要求是综合性的，这也就要求素质型的技能文化要具备综合性，它既包括对知识储备的需要，又指向对技能提高的满足，还能促进包括心理素质在内的其他素质的形成，是锻炼人、培养人、教育人的重要途径。

技能生成的设备与环境是环境文化的一种体现，它以技能的培养为主线，为大学主体展开所使用。在这种设备与环境中包括其使用性在内，皆包含着制造者与使用者的某种价值导向和智慧，也就是说，它们体现着大学文化的意义。

生成技能的方式和途径是半物质性的，其中体现着一定的环境文化。生成技能的方式和途径主要展开为一系列连贯的具有某一中心的过程，这一过程也体现着教师与学生的以技能为核心的素质的价值和智慧。

与生成技能的方式与途径相近的是技能的表现氛围及场所，技能的表现氛围和场所是半物质性的，这种氛围和场所不仅在于对已生成技能进行检验，还在于对新技能的生成给予心理上的陶冶，体现着文化的熏陶功能。

综上可知，素质型的技能文化是大学文化的重要组成部分，它在大学文化应用结构中占据着极其重要的位置，它是提高大学生综合素质的重要组成部分。

四、文体文化

文体文化是大学文化的重要组成部分，它是丰富、充实大学文化主体的业余生活，体现团结协作精神，包含在文娱体育等活动中，对大学主体的情感情操具有一定影响力的一种文化形式。它能够提高大学文化主体的健康水平和心理适应、调节的能力，是一个人在生活和成长过程中难忘与美好的回忆。

文体文化首先表现的是一种以健康向上为特征，易于让大学人接受和参与的活动形式。只有以此为出发点，才能使大学文化逐步向以求知性、思辨性为核心层次的精神文化跃进。它是大学文化必不可少的组成部分。

文体文化融知识性、审美性等诸多特点于一体，这就使它获得了生存和发展的生命力。文体文化有多种形式，主要包括文艺欣赏、文艺参与、琴棋书画、体育健身、运动会等。

文艺欣赏和文艺参与是高层次的文体文化，优秀的文艺作品正是美的集中体现，通过对它们的欣赏和参与，大学文化主体可以感知、领悟、发现美的真谛。这两种方式是大学文体文化的重要形式。琴棋书画也是一项高雅的文体文化形式，它有助于大学文化主体在闲暇当中加强文化修养，丰富自己的情感，陶冶自己的心灵，铸就自己的品格魅力。体育健身和运动会一方面能够满足大学文化主体的强身健体的要求，另一方面又能增强他们的组织性、协作性、团体性，使他们吃苦耐劳、顽强拼搏的精神得到锻炼和铸造。

文体文化在大学文化的应用结构中处于重要的位置，对大学文化整体功能的发挥有着非常重要的影响。

从应用结构来看，审美文化、知识文化、素质文化和文体文化是大学文化的主要组成部分，四者缺一不可，共同构成了大学文化。忽略或抹杀四种文化形式中的任何一种，大学文化都将是不完整的。

大学文化作为一种特定形态的文化，对文化具有继承和创新功能，对大学人的成长和发展具有熏陶和教育功能。大学文化的功能具体表现为育人功能、引导功能、约束与凝聚功能、协调与创新功能等四大功能，这四大功能共同指向了“教育”这一大学的核心。

第五章　大学文化的功能

大学文化作为一种特定形态的文化，有其结构的层次性，也有其功能的多样性。大学文化的功能很多，有关大学文化功能的研究，不同的学者有不同的侧重点。在综合以往研究的基础上，我们将对大学文化的育人功能、引导功能、约束与凝聚功能、协调与创新功能等进行初步探讨。

第一节　大学文化的育人功能

大学文化最核心的功能就是育人功能，它直接体现着大学文化存在的意义和作用，大学文化也因它而有了存在的可能性和现实性。从互动性来讲，大学文化由大学文化主体创造，同时，它又反过来对大学文化主体产生影响。在这影响当中，大学文化通过整合教育资源，拓展了大学文化主体的视野，彰显了知识的无穷魅力，有助于大学文化主体人格品质的完善和高尚情操的培养。细分起来，育人功能可以分为两项功能，即熏陶与化育功能。

熏陶功能主要是大学文化通过所塑造的环境和氛围，以潜移默化的方式对大学文化主体构成影响，使其对主体的世界观、人生观、价值观和审美观的形成过程产生促进与推动作用，以使他们获得自觉完善自己人格、品质、情操等的意识，并以此意识指导他们的学习、生活、人际交往等。熏陶功能主要展开在审美的方面，以美的欣赏和愉悦来推进大学文化主体对真、善、美的追求，进而提高自己的道德修养和综合能力。

《中庸》中有“参赞化育”之语，“化育”一语即来自于此。其原初意义是变化、育就，即天在不断地变化，地在不断地成就；天的变化和地的成就都隐含着对于新事物的孕育、培育和养成，当然，天地的这种化育是自然而然的，不是有意所为。这种化育展开为过程，是在过程中完成和实现的。大学文化中的化育是以环境文化为条件，制度文化为保障，精神文化为导向，行为文化为展现，潜移默化地对大学文化主体给予塑造。化育具有明确的特点，主要表现在以下三个方面。

1. 明确的目的性。大学文化中的诸多活动或场所等的设计和展开都带有很强的目的性，即在于对主体的塑造，在塑造中既有化又有育，化中有育，化促进育，育导引化。

2. 设计的周密性。大学文化要实现其目标，必然要求有周密的设计。一切活动，一切环境氛围的设计都必须要在突出核心主题的同时兼顾到其他方面，必须要体现出人本性、人文性来，为此，就要严密设计，周全规划。从这个角度说，大学文化就显现为一种可控的文化系统。

3. 影响的一致性。从根本上讲，建设大学文化的目的就是为了实现大学的使命。为了实现这一目标，就要充分协调好大学文化的建设和发展，以使其影响具有一致性，避免目标的冲突和作用的抵消等。

大学文化的育人功能是在潜移默化中、自然而然地对大学文化主体产生影响，这种影响能够感染主体、陶冶主体，所起的育人效果是其他大学教育的育人功能所不能替代的。例如，学风笃实、教风严谨的学校，其学生自觉学习意识自然浓厚，求学精神自然强烈，在这种状况下，他们的许多其他行为也会自觉。因此，培养出来的大学生大多数适应能力强、工作态度端正、工作认真负责……总之，大学文化的育人功能能够寓教于乐，最大限度地激起大学文化主体学习与生活的主动性和积极性，有助于他们实现人生的自我价值和社会价值。

在当代社会，大学思想道德教育显得尤为重要。但是，我国思想道德教育的现状却不那么令人放心和满意。究其缘由，主要是因为在长期的思想道德教育中，大学重视的往往是课程教育，课程教育教会学生的是不许这样、不许那样的禁令性质的内容，而不重视环境和氛围的感染和熏陶。在途径上，思想道德教育主要看重的是课堂教学，而课堂教学越来越枯燥乏味，这样下去，学生和教师对课堂的态度越来越淡化，甚至出现了不少教师应付教学，学生逆反课堂、逃离课堂的现象；而在课余的许多有意义的能够起到育人作用的活动、场所、环境等却疏于设计和引导，比如，音乐会、舞会、休闲场所、花苑亭台等蕴涵艺术意味和人文意味的活动场所很少在大学受到重视，这就导致了许多学生总感无聊，无所事事，教师也缺少了丰富的情感、想象等，以至在课堂教学当中缺少激情。反思这些问题，就可以看出，大学教育当中的思想道德教育不能仅仅靠“说教”来进行，还必须要靠建设大学文化，通过它的育人功能才能够达到情理并重，收到最大的教育效果。

总之，大学文化建设要靠动员一切力量，整合教育资源，使其在育人的过程中对大学文化主体产生更大的潜移默化的影响，以形成他们健康的情感情操、高尚独立的人格、完美的个性品质和审美心理等。大学文化是大学教育的有益补充，大学要实现其使命，就必须重视大学文化建设，使健康向上的大学文化犹如“春雨”一样，真正收到“润物细无声”的效果。

第二节　大学文化的引导功能

大学文化的引导功能是指大学文化能够以潜移默化的方式，促使大学文化主体形成正确的人生观、价值观和世界观，促进他们的健康成长和发展。大学文化的引导功能体现在大学文化的方方面面。大学文化的内容和形式，以及由此所形成的文化氛围，都在深深地影响着大学文化的主体，尤其是学生。大学文化的引导功能进一步细分，可分为导向和示范两个功能。

大学文化所营造的环境和氛围，对大学文化主体，尤其是学生具有很大的影响。这种影响是潜移默化的，其中蕴涵着一股很大的力量，这股力量促使大学主体，尤其是学生形成一种意识，推动他们向一个方向迈进，使他们的观念与行为等与大学文化所营造的环境和氛围相协调，这就是大学文化的导向功能。

导向功能在大学文化中是不可或缺的。因为大学文化主体中的学生正处于成长的关键期，其人生观、价值观、审美观等正处在形成阶段，其自控能力还很脆弱，极容易受一些外在东西的诱惑，此时就需要对他们进行引导。引导学生仅仅采用说教的方式是不够的，一味地说教很容易引起他们的逆反；大学文化所营造的环境和氛围能够弥补“说教”的不足，在潜移默化中促使学生养成良好的行为习惯。因此，大学文化建设的目的之一就是对学生给予引导，帮助他们形成成熟的人生观、价值观、审美观等。

导向功能主要通过两个途径来实现：一是大学文化的建设目标指向；二是大学文化的氛围。一方面，大学文化建设需要一个核心的目标，其指向是清楚的、明晰的，这一指向也就包含了大学文化的发展方向。大学文化的建设目标指向对大学文化主体具有指导性，对学生亦会产生深刻的影响。他们在这种目标指向的影响下，构建着他们的人生理想，实现着他们的目标追求，使他们的思想和观念在潜移默化之中得到提高和发展。同时，他们作为大学文化建设的主体，在大学中奉献着自己的智慧和力量，为大学文化建设不断注入活力，使大学文化的发展目标在他们的努力下逐渐达成。另一方面，大学文化氛围具有求真、求善、求美等特点和精神，这些特点和精神本身就是一股强大的力量，当大学文化主体，尤其是学生身处其中时，很容易受到这种力量的驱使和推动，从而使大学文化主体走向对真、善、美的追求。总之，大学文化的导向功能对大学文化主体产生着影响，尤其是对大学生形成正确的世界观、人生观和价值观产生着潜移默化的影响。

大学文化的示范功能是指大学文化主体中的优秀人物和模范事件当中所体现出的某种精神对其他主体所产生的榜样作用。大学文化往往给大学文化主体中的学生提供着一种健康向上的环境氛围，这种环境氛围潜移默化地影响着学生的求学和做人，这种影响有时甚至是终生的。

在求学与做人的过程当中，德高望重的教师、大学发展历史中涌现出的杰出人物、一些在历史或社会中具有相当影响力的事件等对学生的影响最大，也最直接，这些不但是学生学习的榜样，也是他们人生进取中所不可缺少的精神支柱，他们会让学生对人生不断进行反思：该以何种方式生活，该以何种方式为社会作出贡献，该以怎样的姿态去学习，等等。在这样的要求和氛围当中，大学教师就不仅仅是知识的传授者，也是德性、学问的修养者和培养者。他们不但要不断完善自己的德性，提高自己的学问，还要以身示范，使自己成为学生的榜样，并不断地培养学生的思想和品行。

例如，教师对于学问的执著精神，对于学生的严格要求，对待学生的和蔼态度等都会对学生的心灵世界产生影响。学生对教师产生了尊敬，就会“亲其师，信其道”，使自己在治学、做事、做人、交友处世等方面尽力向教师靠拢，并希冀自身能够达到教师所具有的那些品质和精神。

教师的精神品质体现着大学文化的示范作用，使学生易于理解、易于接受。相对于导向功能来说，示范功能显现出更强的具体性和可操作性。

此外，一些大学历史上涌现出来的杰出人物，由他们遗留下来的表现他们精神的物品，发生在大学发展历史中的对社会产生一定影响的事件，以及大学所反映的某种精神等都会对学生产生影响，大学要善于挖掘这些无形的精神财富，这样不但可以丰富学校的大学文化，而且会对学生的发展产生深远影响。例如，由北京大学所发起的“五四”运动以及由此表现出的“五四”精神，不仅对北大学生的人生观、价值观等产生了重大影响，而且对其他大学的学生也产生了重要影响。

导向与示范功能二者紧密联系，不可分割，共同构成了大学文化的引导功能。大学文化的引导功能说明大学文化是大学教育的重要组成部分，它是课堂教育的有益补充。所以大学一定要对大学文化的引导功能引起重视，注意挖掘大学文化中的教育因素，以推进学校人才培养质量的不断提高。

第三节　大学文化的约束与凝聚功能

大学文化的约束与凝聚功能和大学文化的引导功能相近，但绝不相同，二者是互补的关系。在对大学文化主体的塑造和成就当中，约束与凝聚功能起着很大的作用，既有具体的行动指导，又有行为的指向和导引；既注重个体，也不忽略群体。

大学文化的约束功能是指大学文化对大学人的规范作用，规范是指运用精神、制度、舆论等手段来规范大学人的行为方式，制止不良行为，引导大学文化主体向着大学文化的目标迈进，并在此基础上推进大学文化建设，同时也完善主体自我。这种约束作用是以爱心和责任心为基础的自我约束和大学制度文化为主的多种大学文化约束的统一。大学文化的约束主要有有形和无形两种形式。

有形的约束主要是指大学的各项规章制度所产生的约束作用。规章制度的目的在于限制大学文化主体的消极行为，促使其向积极的行为转化。当这种转化变成一种内在的力量来促使大学文化主体形成良好的习惯时，规章等外在的规范也就内化为了主体自觉的要求和行为。有形形式的规范是一种“硬规范”，以硬性的方式对主体的行为构成约束。通常情况下，这种形式的约束附带有惩罚性质的内容在内，以帮助大学人形成良好的行为。

无形的约束即“软约束”，它主要表现为校园舆论、课堂、社团活动等构成的道德评价，通过这种评价，展开具有针对性的宣传教育，以使大学文化主体分清是非、扬善弃恶，达到其规范作用。“软约束”不是靠禁令等硬性的东西来构成，而是在一定的场合、一定的氛围当中大学文化主体所深深感受到的压力，并自觉认为自己应该这样做，不应该那样做，使自己的行为在自己的意识当中受到约束和规范。

大学文化在规范主体时，对主体所要达到怎样的目标给予了规定，这些规定在不同的环境氛围中、不同的条件下物化为各种不同类型的文化活动和文化环境。在这些活动和环境中，大学文化主体的发展是有目的、有步骤的。大学文化主体的发展往往与所处的大学文化氛围具有相当的关系，往往受到该大学的文化氛围的很深影响，这也就导致了不同的大学所毕业的学生，其价值观念、文化气质、行为方式等方面具有一定的差异。人们常说的“北大学子有北大人的气质，清华学子有清华人的神韵”，道理即在于此。

需要指出的是，大学文化的约束功能的实现是有限度的。不能在对大学文化主体的化育当中过分地强调规范，否则，就会带来相反的效果。但是，如果忽略了规范作用，也是不合适的。在当前的大学中，往往显现出大学文化主体对于制度等规范的漠视，比如，对考试制度的违反，对宿舍管理规章制度的轻视，校园不文明行为的不断发生等，都说明了大学人对大学文化规范作用的淡化。

为此，我们需要进行反思，加强制度文化建设，建立和健全具有可操作性的科学的规章制度，充分发挥大学文化的规范作用，以使它们能够切实地落实在大学文化主体的生活、思想与行为中，并形成他们的自觉行为。

凝聚功能是指大学文化能够促进大学文化主体形成一种向心力，以促使大学文化，甚至大学不断地向前发展，它是大学精神文化、制度文化、行为文化和环境文化形成的合力。它主要体现在大学精神文化上，在凝聚中，透射着一种强有力的精神力量，这种力量决定着大学文化主体的精神状态、行为方式、价值观念、道德情操等，这使得生活在大学当中的主体具有强烈的认同感，并进而将这种认同感升华为责任感、使命感，甚至于归属感，从而使主体因为共同目标而凝聚成一个整体，推动大学文化向前发展，促使大学形成核心竞争力。

凝聚的一个重要手段是激励。大学文化可以以一定的目标来吸引和导引大学文化主体，使他们充分发挥自己的力量来达到这一目标，这就是激励。因为，远大的目标本身就是一种力量，能够鼓舞人心，而主体又总是希望能够通过自己的努力去达到目标和实现理想，这样，主体就会有充分的信心和强大的内力，这种信心和力量实际上是目标激励所致。在确立目标和理想的时候必须要植根于实际。如果目标确立得过高或过低，都会影响到大学文化主体的积极性，目标的激励作用就很难发挥，大学文化的凝聚作用也就难以实现。除了目标激励外，激励的最佳方式是适时、及时地给大学文化主体以奖励，激发他们的动机。

动机是推动主体努力去满足自己的某种需要的力量，它植根于主体的需要，能够调动主体的巨大能量，推动他们努力去满足自身的需要。一般而言，动机不是单一的，而是复杂的。比如，去读一部小说，不仅仅含有了解小说情节的动机，也含有把握小说思想的动机，体味小说语言风格的动机，获得审美之愉悦的动机等。激发动机要适时。所谓的适时，不仅指适当的时候，也指相中时机，这个时机往往能够最好地、最完整地体现动机的集合体。通过对动机集合体的激发，主体就能够获得比较全方位的兴趣和力量，从而从多个方面、多个角度去努力实现目标。适时激发动机往往能够起到事半功倍的效果，但激发动机一定要及时，并且能够满足大学文化主体的需要。

大学文化的约束与凝聚功能，要与大学文化主体的各种具体需要结合起来，在指向他们需要的同时与大学的目标一致，使个体与群体需要有机地结合起来，这样有助于整体力量的发挥。

大学文化主体利益的根本一致性奠定了大学文化发展的良好基础，为大学文化发展目标的制定提供了参考。与此同时，大学文化又以其良好的氛围持续地对大学文化主体施加影响，赋予他们一种无形的力量，推动他们向各自的目标和整体目标迈进。

第四节　大学文化的协调与创新功能

大学文化作为社会文化的亚文化，是一个由不同层次结构和结构要素构成的复杂系统。这就要求大学文化在发展过程中要协调好与政治、经济、文化等其他社会系统之间的关系，同时又要协调好内部各要素之间的关系。大学文化不是以冲突为主的，而是一种谐调的文化。大学文化是发展的，不是一成不变的，它要随社会发展而不断向前推进。发展就意味着创新。协调与创新功能是大学文化的又一功能，它决定着大学文化的和谐可持续发展。

在大学文化的发展当中，要处理好传统、现在与将来的关系。大学文化具有着现在的状态，现在的状态不仅仅是指大学文化的现在形态，还指现代社会中的种种文化形态对大学文化所构成的影响。在现在的状态之前的大学文化发展状态可称之为传统，也就是大学文化的发展历史。大学文化是发展的，是指向未来的，于是就有了大学文化发展的未来。如何处理好三者之间的关系，使大学文化立足现实，继承传统，不断推动大学文化向前发展是大学文化实现和谐可持续发展的重要条件之一。

在大学文化的发展过程中，除了要处理好传统、现在与将来的关系外，还要注意处理好另一组主要关系，那就是在现在状态下的社会各系统与大学之间的关系。在处理这组关系时又面临着大学内部的各种冲突。要处理好这些冲突，就需要协调。因为大学文化的比较理想的状态是既能突出现代文化精神又能糅合传统，既以大学这一特定氛围为主又不脱离社会，既要讲建设还要讲品位。协调就是对冲突或者具有冲突性的因素的整合，通过整合使它们得到统一，并进而促进共同发展。

大学文化的协调功能有助于大学文化传统、现代与未来关系的解决，也有助于大学与社会各系统之间关系的协调以及大学内部各种关系的协调，从而使大学文化在不断的协调中得到发展。

如果说平衡是使大学文化与各系统以及内部各要素之间的冲突取得协调，那么这些冲突所促成的大学文化的发展就蕴涵着创新。大学文化的创新功能是大学文化主体在对历史文化和社会文化给予分析和批判的过程中形成的，它使大学文化不断更新，使大学文化由此一质态达到更高的质态，总是实现着由量变到质变的发展过程。

大学文化的创新功能是大学的重要功能，大学文化的创新是必要的，它要求大学文化要随着时代的步伐不断向前发展，以使大学文化所化育的大学文化主体中的学生在走出大学后能够适应社会的需要。当大学文化吸收了当代的社会文化中的精髓并将之转化为自身的内涵时，便具有了这一时期大学这一空间范围内的群体所具有的特质。大学文化的创新是大学文化的活力所在，也是它的魅力所在。大学文化的创新来自于文化的差异，差异导致碰撞，而碰撞又能够激发各种力量，从而闪现出智慧的火花，推动现有文化形态向更高一级的形态发展。

差异和碰撞是创新的动力，也是创新的前提。差异源于传统与现代之间、社会与大学之间、大学主体的群体与个体之间、大学的整体与部分之间，等等。这些差异往往会激起碰撞，在这些碰撞中，又会产生某一核心，这就指向了一个发展方向，这个发展方向在种种力量的推动中能够得以实现就达到了创新。

大学文化的创新功能不仅体现在它能够产生新的思想，培育符合时代发展要求的大学文化主体，构成新的文化氛围，还体现在能够形成新的规范、新的行为、新的精神风貌、新的校园环境等。

大学文化的协调与创新是相统一的，协调是在解决冲突的过程中不断实现的，它是一个动态的过程。当冲突实现协调时，也就意味着有了创新。在一定程度上可以说，创新的过程就是不断协调冲突的过程，它是在协调冲突的过程中实现的。大学文化的协调与创新功能是大学文化的重要功能，是大学文化能够不断发展的动力源。

大学文化是大学的灵魂，大学精神是大学文化的精髓，大学精神在大学文化和大学建设过程中起着“主心骨”的作用。一个国家、一个民族不能没有自己的精神，一个团体同样不能没有精神。崇尚科学，学术自由，关注人文，力求创新，重塑大学精神是每一个大学人的责任！

第六章　大学精神

大学精神是大学文化中最深层、最核心的内容，它对于塑造大学人的精神品格具有重要作用，它是大学文化的精髓和灵魂，它决定着大学文化的内容，如大学环境文化、大学制度文化和大学行为文化等。大学精神是推动大学文化发展的动力，影响着大学文化的发展进程。不同大学的大学文化体现着不同的大学精神，在一定程度上可以说，如果把握住了大学精神，也就从根本上把握住了大学文化。

第一节　大学精神概述

大学精神是大学文化的精髓和灵魂，它在体现着大学文化的同时也体现着民族精神和时代精神，同时它又对民族精神和时代精神产生深远的影响。大学精神并不是每所大学都有的，只有那些在长期的办学历史中不断对自己的办学理念进行倡导和践行的大学，才会名副其实地具有自己的大学精神。在中国大学的发展历程中，许多大学通过世代大学人的共同努力，形成了各具特色的大学精神。例如，清华大学以“自强不息，厚德载物”而闻名，北京大学以“提倡新学，主张思想自由，兼容并包”而著称，北京师范大学以“学为人师，行为世范”而为世人所称道。

一、对大学精神的理解

对大学精神的理解，可谓是“仁者见仁，智者见智”。通过对大学精神有关理解的整理和归纳，我们发现学者们对大学精神的理解主要是从形成过程方面、概念内涵方面和核心价值方面展开的。概括这些方面的理解有助于比较全面而科学地了解和把握大学精神。

1. 从形成过程方面来看，学者们对大学精神的理解主要有以下几种观点。罗家伦指出："一个大学的精神，可以说是它的学风，也可以说是它在特殊的表现中所凝成的风格。这种风格的凝成不是突如其来的，更不是凭空想象的。造就它的因素，第一是它本身历史的演进，第二是它教职员学生组合的成分，第三是它教育理想的建立和实施。"① 徐葆耕也提出了相近的看法，他认为，大学精神的形成"是多重因素长期相互撞击和融汇的结果"，它与一所大学所处的地理位置、文化环境，以及该大学的独特历史有密切关联，"是国家意向同社会（国内外）流行趋势相互冲击与融合的结果"。他同时认为，在大学精神的形成当中，"校长与大师对大学精神的影响重大，但学生（特别是那些学生中的精英）也对大学精神的形成有着不可忽视的作用"。② 四川大学校长谢和平也指出："只有那些在长期的办学历史中，通过对自己办学理念的倡导、践行、提炼和升华的过程，并在这个过程中形成了独特的价值判断和理性诉求的大学，才名副其实地具有大学精神。"③

综上所述，从大学精神的形成过程来看，大学精神是大学在其发展过程中，在世代大学人的共同努力下，通过对自己办学理念的倡导、践行、提炼和升华而形成的，是多重因素长期相互撞击和融汇的结果。它体现着大学的理想和追求，以及在这种理想和追求下所演化而成的历史。

2. 从内涵方面来看，学者们对大学精神的理解主要有以下几种观点。李辉、钟明华认为，大学精神"应该是大学自身存在和发展中形成的具有独特气质的精神形式和文明成果；它是科学精神的时代标志

① 罗家伦：《蔡元培先生与北京大学——谨以此文纪念先师蔡孑民先生百年诞辰》，参见刘琅、桂苓《大学的精神》，中国友谊出版社 2004 年版。

② 徐葆耕：《大学精神与清华精神》，参见刘琅、桂苓《大学的精神》，中国友谊出版社 2004 年版。

③ 谢和平：《大学文化与大学精神》，载教育部中外大学校长论坛领导小组《大学校长视野中的大学教育》，中国人民大学出版社 2005 年版。

和具体凝聚；它是整个人类社会文明的高级形式”。[①] 唐耀华认为，大学精神是“大学人持有的或追求的他们所认同并自认为理想的，且努力传播的价值观及其体系”，“是一所大学所拥有的稳定的心理定势和精神状态，是一所大学在长期的教育实践中积淀的最富典型意义的精神特征，是一所大学整体面貌、水平、特色及凝聚力、感召力和生命力的体现”。[②] 张光强、牛宏泰认为，大学精神是“一个哲学层面上的概念，它反映一所学校特有的哲学思想，本质上是一所学校的办学理念、育人方针、学术追求、管理模式的哲学抽象，是对学校‘文化体’和‘文化群’意识形态的整合、凝练和升华”。[③] 王冀生认为，大学精神是一种建立在对办学规律和时代特征深刻认识基础之上的科学理论。[④]

由此来看，从大学精神内涵来理解，大学精神的核心实质就是一种意识形态，这种意识形态是世代大学人的群体意识的整合与升华，是他们智慧和力量的凝华，体现着他们的价值观及这种价值观的实现，它是大学高度升华了的文明成果。

3. 从核心价值方面来看，学者们对大学精神的理解主要有以下几种观点。涂刚鹏认为，大学精神是“大学的目的，大学的内在逻辑，大学存在的最后理由”，它一方面“作为一种文化被大学人内化，成为大学人的良心和气质，在大学的发展中发挥着凝聚、激励、导向和保障作用”，另一方面，又“作为一种高层次的优秀文化，可以辐射到社会中去，对人们的思维方式、价值观念和行为规范产生积极的影响，从而为大学的发展构建适宜的环境”。[⑤] 胡显章认为，“大学精神是一所大学的生命力和创造力的源泉，是大学文化的核心、支柱和灵魂。它影响着每个大学人的成长过程和人生轨迹，决定着一所大学的

---

① 李辉、钟明华：《大学精神的本质特征及其建设思路》，载《中山大学学报》（社会科学版）1999 年第 3 期。

② 唐耀华：《大学精神内涵探析》，载《广西大学学报》（哲学社会科学版）2005 年第 2 期。

③ 张光强、牛宏泰：《中国大学精神论》，载《高等农业教育》2009 年第 2 期。

④ 王冀生：《大学精神与制度建设》，载《有色金属高教研究》2001 年第 1 期。

⑤ 涂刚鹏：《弘扬和培育大学精神的时代意义》，载《理论月刊》2009 年第 2 期。

发展与影响力”。①

综上所述，从大学精神的价值来理解，大学精神是大学文化的核心、支柱和灵魂，它对每个大学人都会产生影响，在大学的发展过程中起着凝聚人心、激励人心，为大学提供导向和保障的作用，同时会对社会产生积极影响。

从对于大学精神的概念分析中我们可以看出，大学精神是社会精神中的一个特殊范畴，是社会精神的精华在大学里的具体体现。大学精神是以大学为范围的精神生成，是大学历史文化中的精髓，是以大学为载体而表现出来的精神存在体。当然，大学精神绝非仅仅只对大学产生影响，它对社会也会产生重要的影响。可以说，现在的大学精神，既是大学的，又是民族的，更是世界的。如果没有开放精神，大学的发展将无从谈起。大学要紧跟时代发展，在竞争中取人之长、补己之短，不断地重塑大学精神。

二、大学精神的内核

大学精神体现着大学崇高的教育理想和追求，对大学人产生着重要影响，影响着大学人的人格塑造和精神风貌。校训是大学精神的重要体现，通过校训我们就能看到不同大学的大学精神。如北京大学的校训是“爱国、进步、民主、科学”，复旦大学是“博学而笃志，切问而近思”，中国人民大学是“实事求是”，山东大学是“气有浩然，学无止境”，清华大学是“自强不息，厚德载物”，厦门大学是“自强不息，止于至善”，等等。大学精神是十分丰富的精神资源，是中华民族民族精神的重要组成部分，是大学在长期的实践过程中凝练而成的。

《大学》开篇写道：“大学之道，在明明德，在亲民，在止于至善。”在当代，我国大学精神缺失现象比较严重，“大学之道”提倡的教育追求应该重新得到重视。因为在“大学之道”中蕴涵着一种教育

---

① 吕其庆、李乐：《大学精神，守望在民族航行的船头——专访清华大学人文学院院长胡显章教授》，载《政工研究动态》2008 年第 1 期。

理想和追求，这种理想和追求奠定了一种育人精神，即人文精神。人文精神作为人的活动的理想价值追求和行为规范的集中体现，有其独特的丰富内涵，是大学精神必不可少的重要组成部分。大学人文精神的核心是以人为本，突出人的发展，健全人的人格。同时，在这样的教育理想和追求当中又涵括着以爱为主的教育情感和教育责任。

大学是追求真理的地方，大学要有探索和追求真理的求是精神。求是精神就是要勇于追求真理，在追求真理中敢于冒险，勇于接受失败。法国哲学家德里达在复旦大学演讲时曾指出："大学必须有一个理念，这就是不惜一切代价，无条件追求真理。"这就是说，大学要追求真理，就必须要具有求真务实、甘于冒险的求是精神。求是精神是大学精神的生命，大学精神如果没有求是精神，也就没有了主心骨。在学术的探索当中，没有求是精神，学术将会漂浮起来，没有厚重性。

大学要追求真理，就必须要有自由精神。大学发展史表明，自由精神对于大学的发展至关重要，它是追求真理的前提。没有自由精神，大学的使命将无法完成。

此外，大学还要有创新精神。随着经济全球化、政治多极化、文化多元化的发展，大学之间的竞争也将日益激烈，大学只有不断创新才能求得生存和发展，也才能随着时代的发展而发展。否则，最终会被时代所淘汰。

三、大学精神的表现

在中国，谈大学精神不得不提到蔡元培先生和北京大学，因为蔡元培先生在北大的改革让人们看到了大学精神在我国大学中的成功实践。大学精神是"大学人"共同的精神存在体。在历史积淀下来的精神财富与民族精神和时代精神的有机结合中，这些精神财富凝结升华而生成为了具体的大学精神，这种精神不断激励和鼓舞着大学人为大学的发展作出自己的贡献。与此同时，由于不同大学之间"大学人"的风格品质、知识涵养、德性修养等的不同，致使所形成和表现出来的大学精神也就不同，这就使各大学之间产生了差异，从而显示出多样性来。因此，大学精神能够彰显一所大学的鲜明特征和独特气质。

大学精神既存在于大学之中，又游离于大学之外。它给大学注入的鲜活的生命力，不是只表现在教学楼、图书馆、林阴道等建筑群落，而且还展现于大学的规章制度和大学人的行为当中。

（1）大学精神的物质化表现。

大学精神的物质化表现主要表现在大学的物质景观之中。大学校园的物质景观是由建筑楼群、小园林布局、雕像等共同构筑而成，通过规划者和建筑者把围绕大学理念而构成的大学精神融入其中，有效地对大学精神进行物化，以具体形态来诠释和展现大学精神，并借此来传达丰富的大学文化内涵。布局优美的大学物质景观以其直感性而给“大学人”以一定的愉悦感，使他们在潜移默化中受到大学精神的无形感召，而将大学精神中的优秀传统和价值观内化为他们的思想和行动。大学精神的物质化是无声而又能时时显示出效果的特殊课堂，是一种能够影响人、塑造人的现实的而又是潜在的力量。可以说，大学的物质景观不仅在构筑并丰富着校园的审美空间，而且在影响和塑造着每一个大学人的品格。

（2）大学精神的制度化表现。

大学精神的制度化表现主要表现在大学的规章制度和各种行为规范之中。各种成文的规章制度、各种行为规范等是大学精神的重要载体和突出体现。

第一，管理制度。管理制度既是大学精神的外化，又能够体现一所大学的特色与品质。管理制度是大学朝着一个预定方向迈进的基本保障，没有管理制度的保障，那么，这种发展方向在实际的迈向中就有可能偏向；没有管理制度的保障，再好的想法和精神也只能停留在理论层面，而无法收到预想的效果。

大学要有一整套教师选拔聘用、晋升评审和培训制度，形成真正的能上能下、能进能出的良好局面，为人才创造宽松的环境以激发他们的积极性和创造性。同时，大学要有健全的学生管理制度。大学要确立“服务”意识，确立“以学生为本”的思想，学生的管理制度是为了学生获得全面的发展。

第二，行为规范。大学精神的独特内涵，在规范大学前进的方向的同时，也引导着大学人的思想、性格、行为、情感等，使他们在规范中不断促进自身的健康发展。大学人在受到大学精神规范的同时又在弘扬大学精神，使得大学精神不仅仅在大学这一小范围内产生影响，而且还在社会这个大环境中产生引领作用。

（3）大学精神的行为化表现。

大学精神的行为化表现主要以大学文化活动的方式展现出来。大学文化活动的目标是营造优美的文化氛围和环境，以丰富的文化生活、高雅的艺术情趣、浓厚的学术氛围、科学的人文精神、优良的学风校风来影响人、培育人。在影响和培育人的过程中，“大学人”将其逐步形成的理想信念凝结成一种富有特色的精神，这种精神的凝聚和升华就是大学精神。因此，大学精神的行为化表现实际上就是大学精神文化的不断展现。也正是因为如此，各大学十分重视开展大学文化活动，积极地组织丰富多彩的学术文化活动、论坛文化活动、艺术文化活动、社团文化活动、阅读文化活动、宿舍文化活动、消遣文化活动、消费文化活动、情感文化活动、体育文化活动等，以此来倡导和推动高雅的大学文化，并以此来凝结和升华大学精神。当大学精神内化为“大学人”的行为规范后，就会激励他们终生去追求真、善、美。

第二节　求是精神

求是精神，即科学精神，它在中国有着很深的历史渊源。早在春秋时期，孔子就开始在学习中强调求是精神。《论语》中记载了他这样一句话：“知之为知之，不知为不知，是知也。”这句话的意思是说知道就是知道，不知道就是不知道，这才是为学之道。孔子用这句话告诫人们，学习知识要脚踏实地，不要不懂装懂。明代的王阳明为了破除人们对程朱理学的迷信，也竭力提倡君子求是的精神。时至近代，当西方国家用枪炮敲开我国大门的时候，有识之士又把“求是”与向西方学习联系在了一起，体现了有识之士追求科学与进步的求真心理。随着信息时代的到来，在科学急剧发展的现代更需要用这种求是精神来推动社会的发展和进步。求是精神不仅是我国传统文化所弘扬的精神，更是当今时代需要弘扬的精神。对于大学来说，要取得长足发展，要在发展中形成自己的独特品质，就需要弘扬求是精神。

那么，到底什么是求是精神呢？1939 年竺可桢在广西与浙江大学一年级全体学生的谈话中这样认为："所谓求是，不仅限为埋头读书或是实验室做实验。求是的路径，《中庸》说得最好，就是'博学之，审问之，慎思之，明辨之，笃行之'。单是博学审问还不够，必须深思熟虑，自出心裁，独著只眼，来研辨是非得失。既能把是非得失了然于心，然后尽吾力以行之，诸葛武侯所谓'鞠躬尽瘁，死而后已'，成败利钝，非所逆睹。"[①] 竺可桢对求是精神的解读与倡导后来演变成为了浙江大学的校训，对于这一校训，他又给予了更为明确的解读，他说："求是精神就是追求真理，忠于真理，不盲从，不附和，不武断，不专横，而大学的最大目标是在蕲求真理。"同时他指出，近代科学的目标也是探求真理，科学的方法可以改变，但"蕲求"真理的科学精神永远不变。[②] 也就是说，求是精神的核心就是求真。

就大学精神而言，追求真理是大学不懈的追求。求是精神要求教师要以严谨治学的态度来引导学生，要让学生形成敢于批判谬论、敢于纠正错误的勇气。求是即探求真理，对于真理，概而言之：

（1）真理是指前沿的科学知识，包括大学当中所创造和传授的知识。

（2）真理是一个时代或社会人们对客观事物本质的理解，是绝对真理与相对真理的统一。

（3）真理的存在可以使生活在大学中的人有明确的目标，不被外在诱惑所累。

真理可展现为自然之真、社会之真、人文之真，分别为自然科学、社会科学及人文科学所追求。自然科学与社会科学以工具理性为

---

① 竺可桢：《求是精神与牺牲精神》，参见杨东平《大学精神》，辽海出版社 2000 年版。

② 转引自童然星《求是书院与求是精神》，载《华夏文化》1993 年第 3 期。

依托，着重讲效益、效用；人文科学是以价值理性为支撑，着重讲情感价值。自然之真、社会之真和人文之真各有侧重，从不同角度展示知识与智慧，但同时又辩证融通，共同构筑起了大学精神的真知内涵。

求是精神包含着逻辑推理的理性精神和反复实践的求真精神。所谓逻辑推理，就是运用逻辑思维，遵循逻辑思维规律去探究事物的本质和规律，去构建科学的理论体系的认识方法。一所大学的科学研究水平是否很超前，很大程度上取决于这所大学研究者在探索过程中是否具有逻辑推理的理性精神。所谓反复实践的求真精神就是在科学研究（包括自然科学、社会科学和人文科学）的过程中不断地进行实验、考察、调研等，以使所获得的结果最具真实性，力求达到精益求精。大学是研究和传播科学的殿堂，大学师生不仅是社会公民，更是科学的公民，是真理的探索者和追随者。因此，反复实践的求真精神必然就成为大学师生从事科学研究和传播知识所具有的最普遍和最基本的精神。

现代大学在几个世纪的历史变迁中，虽然经历过种种艰难，但它的求是精神经受住了历史的考验，不仅没有衰落，而且呈现出越来越强大的生命力。求是精神是一所大学存在和发展的基础，如果哪所大学不以追求真理为目标，就意味着对自己生命的放弃。求是精神在大学和社会发展的过程中起着至关重要的作用，它是大学必须具备的核心精神。大学要想在激烈的竞争中立于不败之地，就必须树立起求是精神，并不断实践求是精神，从而推动大学核心竞争力的不断提高。

第三节　人文精神

人文精神是大学精神的重要组成部分，在大学的发展历程中，人文精神也是许多学者一直重点强调的大学精神之一。在大学的发展历程中，尤其是近现代以来，往往重视科学精神，而忽视人文精神，但是，几乎所有有识之士都在强调人文精神对于大学和社会的健康发展至关重要。

关于“人文”，有两种说法：一种认为“人文”是外来词语，源于拉丁语。“人文”之“文”不是指文章、文艺、文化之类，而是指人类所存在的关注自身与世界乃至处理与之关系的方式；另一种认为，“人文”一词，在我国的《易》中就已出现。《易·贲卦》曰：“文明以止，人文也。观乎天文，以察时变；观乎人文，以化成天下。”这里的“人文”本意是以文饰而显明的手段，来规范、约束人民的言行。[①]“人文”主要指人类在自身的发展过程中，用文明的方式来规范创造、交往等行为。《易》对我国传统文化具有深远的影响，我国的传统文化的形成和发展在某种程度上来说，就是《易》的形成和延伸。因此，以《易》所倡导的“人文”也就成为了我国传统文化的内核，这一内核包括了“君子忧道不忧贫”的“忧道”精神，“发愤忘食，乐以忘忧，不知老之将至”的不息至乐精神，“泛爱众，而亲仁”的博爱精神，“知行合一”的笃行精神，“天人合一”的和合精神等。

“人文”主要包括以下几个方面的内容：注重人的存在和价值，追求人自身的完善和价值的实现；重视终极追求，执著探索理想；具有强烈的责任感和使命感以及永恒的道德精神；坚持理性与主体意识的统一；追求个性解放；倡导自由、平等和博爱；倡导人与自然的统一。通过“人文”来看人文精神，就不难看出，人文精神是指人文知识化育而成的内在于人的主体的精神成果。它是一种以人为本、尊重人、关心人的精神，是一种关心人类未来的精神。

人文精神是以人的存在与价值为内蕴，注重人的全面发展，关注人的存在，强调人生意义，对人类文化的精华和核心价值给予根本体现的一种精神，其终极目的是促使个体得到自我的完善，养就完美人格。

人文精神是大学发展过程中长期积淀的文明成果，它体现了大学对人的生存和价值的关切，显示出大学不同于其他机构的气质特征，并通过教育、熏陶等方式内化为一代代大学人的精神气质。

---

① 傅佩荣：《解读易经》，上海三联书店2007年版。

人文精神作为大学人应当具有的品格，体现了大学人对人类前途命运的关怀和追求真、善、美的人生理想。人文精神教育，在我国源远流长，它随着儒家文化的兴起而兴起。儒家经典之一的《周礼》中有“观乎人文以化成天下”，这体现出人类对人文精神的呼唤。《大学》开篇就有“大学之道，在明明德，在亲民，在止于至善”的总纲，这个总纲就体现出来了以“善”为目标和核心的为教、为学、为人的浓厚的人文关切和精神。这种精神对中国古代的教育影响很大。

不管是古代的书院教育还是现代的大学教育，有识之士都非常关注人文教育，人文精神都是他们秉承和不断追求的精神。中国南宋时期朱熹创办的岳麓书院，就是首先要求“学者”学做人，通过学习来养成自己的德性、完善自己的人格，使其向着理想的人格迈进。20 世纪初的北京大学，蔡元培大力倡导人文教育。他主张教育要以思想自由、兼容并包为原则，尊重并发展个性，养成理想的人格等。

大学人文教育的主要目的是促进个人的健康全面发展，促进社会的健康发展，它主要关注三个方面，即人对人的价值、人对社会的价值以及人对自然的价值。

1. 关注人对人的价值。关注人对人的价值就是要以看待“人”的眼光和方式来对待人，包括他人以及自身，而不是以对待“物”的眼光和方式来看待人。这种关注蕴涵着尊重人、关心人的发展的含义，充分发挥人的主观能动性，促进个人和社会的协调发展。在此种眼光中，人既是发展目的也是发展手段。关注自己，就是要正视自己，尊重自己，充分发挥自己的主观能动性，努力提高自己的思想道德素质，发展自己的综合素质；关注他人就是要尊重他人，不侮辱他人，不歧视他人，以平等和博爱的胸怀来对待他人，不做损人利己的事情，让自己与他人和谐共处。总之，关注人对人的价值就是让大学人既要尊重自己，也要尊重他人，在相互尊重的基础上达到平等合作，促进自己和他人的共同发展。

2. 关注人对社会的价值。关注人对社会的价值是一种视角的转向，即由关注个体转向关注群体，关注群体就意味着要以群体为目标。群体的关切是对个体关切的升华。群体代表着大局，代表着人类的整体利益，所以必须关注人对社会的价值。关注人对社会的价值就是要求大学人要尊重社会的发展规律，不断探索社会发展的规律，把握社会的发展方向，肯定和维护社会的秩序，为社会发展多作出自身的贡献，等等。社会需要爱来维系，没有爱的社会是无法想象的，也无法建立良好的社会秩序。所以大学人一定要关注人对社会的价值，促进社会的健康可持续发展。

3. 关注人对自然的价值。生命的价值是平等的，人是“万物之灵”，又是自然界的一部分。在人对自然的价值方面，由于人在自然的生态链和食物链中占据着一个特殊的位置，所以人应该强调与自然的共生共荣、和谐相处。关注人对自然的价值就需要大学人抱着感恩的态度来对待自然，因为自然提供给了人类生存的环境和物资，没有了自然，人类的生存是不可能的。因此，人类需要尊重自然，保护自然，保护生物的多样性，让人类同自然界的各种生物和谐共处，共同发展。

人文精神体现了人类文化的精髓、价值和理想，是指向人的主体生命层面的终极关怀，这种关怀既有对生命及个人独特价值的尊重，又有对民族文化、优秀传统的关怀；既有对人类社会发展方向的关注，又有对他人的尊重与关怀，等等。人文精神是大学不可或缺的重要精神，大学的使命要求大学必须重视人文精神的建设。20 世纪初北京大学倡导的“兼容并包，思想自由”与“爱国、进步、民主、科学”，使北大人为了祖国的未来，不顾个人安危，举起了“新文化”运动的大旗，从而加速了我国社会发展的历史进程。

一所真正的大学以及它所从事的教育应当是以人为本的教育，应当是充满着人文精神的教育。人文精神的立足点和归宿点都是“人”，关心人、尊重人，让人在大学中能够体验到美，体验到崇高，体验到成功，体验到快乐，促进大学人健康快乐成长。具有人文精神的大学培养出来的大学生是全面发展的，而不会是只掌握了科学技能的没有思想的“机器”。

从上面的讨论中，我们会发现：大学精神需要人文精神，大学发展离不开人文精神。关注人文精神，研究人文精神，使人文精神在大学精神中发挥自身的作用，有助于推动大学和社会的健康可持续发展。

第四节　自由精神

求是精神的展开需要有自由精神作为氛围和保障，如果没有自由精神，求是精神也就无法得到顺利展开。大学所肩负的时代重任和它自身所具有的主体意识都要求它必须要具有自由思想和自由创造的品格，自由精神是大学精神的重要组成部分，大学应该创造条件保障教师的学术自由和学生的学习自由。

蔡元培先生曾经说过："大学以思想自由为原则。在中古时代，大学教科，受教会干涉，教员不得以违背书籍授学生。近代思想之公例，既被公认，能完全实现之者，厥惟大学。大学教员所发表之思想，不但不受任何宗教或政党之拘束，亦不受任何著名学者之牵掣。苟其确有所见而言之成理，则虽在一校中，两相反对之学说，不妨同行并行，而一任学生之比较而选择，此大学之所以为大也。"① 从蔡元培先生所言不难看出，在大学里，师生应该具有探求真理的自由空间。在这样的环境中，能够包容新观念和新思想，不同的学术观点可以"求同存异"，不同的思想可以展开论争，也可以通过学术交流相互影响，这种精神就是大学精神的自由精神。

自由精神积淀着现代大学的数百年的探索，是全体大学人努力的结果。19 世纪初，德国教育家洪堡在创建柏林大学的过程中就提倡自由精神，这为柏林大学注入了活力。由此开始，德国大学"一跃而执欧洲学术文化之牛耳，成为世界大学的耶路撒冷"。② 在我们国家大学的发展历史上，以自由精神来推动大学发展的最突出例子就是蔡元培先生入主北京大学以及对北京大学的改革。他主张思想自由、学术自由。在这种理念和精神的推动下，北京大学吸引了许多著名大师，他

① 转引自董任坚《大学的学术自由》，载杨东平《大学精神》，辽海出版社 2000 年版。

② 刘琅、桂苓：《大学的精神》，中国友谊出版社 2004 年版。

们用自己的思想和观点进行论争，促进了北京大学的繁荣和发展。在此影响下，北京大学成为“五四”新文化运动的发源地。

当然，无论是柏林大学还是北京大学，其自由精神不是仅仅靠洪堡先生与蔡元培先生就可以建立起来的，主要是由他们提倡，经过全体柏林大学人、北京大学人的共同努力而形成的，它是集体智慧的结晶。自由精神是大学精神的重要组成部分，具体来讲，自由精神主要包括以下几个方面。

1. 思想自由。

思想自由是指大学人在与外界的互动中所形成的看法不受别人的限制，它是大学人学习和工作的前提。思想自由展开就是：

（1）是用思想争鸣的方式解决思想问题，即使对于某些明显错误的思想认识，也应通过自由争论的方式予以解决，这样才能促进大学人（主要是学生）的成长和提高。

（2）取消二元对立的评判标准。二元对立的评判标准简单地用对与错来看待世间万物或人们的思想，这是非常可怕的。因为在被认定为错误的思想观念中，往往也蕴涵着正确的成分；正确的思想往往也具有相对性。如果简单用对与错的观点来评判世间万物或人们的思想，就会使人们的思想趋于停滞，从而阻碍人与社会的发展。

（3）打破思想禁区，特别是一些“敏感话题”。“灯不拨不亮，理不辩不明”，有些思想认识问题，在坚持四项基本原则的前提下，只有通过思想争鸣的方式才能明辨是非，才能更有利于改革的不断推进，也才更具有思想价值。相反，如果将思想认识问题扩大化，不断设立思想禁区，虽然没了风险，但也失去了良好的发展机遇。

大学是各种思想相互论争的地方，通过论争真理才会显现。只有思想自由，大学才能够具有海纳百川的气度与百花齐放、百家争鸣的精神，也才能够出真知，发展真理。当然，思想自由是相对的，也不是绝对的。

2. 学术自由。

大学以传承文化、创新文化、服务社会和引领社会文化发展为己任，而学术自由就是大学实现其功能的根本保证。

学术自由是指教师和学生在从事学术活动时不应受到外界或他人的干扰，尤其是来自行政的干扰。追求真理本身就是一个求异、求变的过程，必须在解除不必要束缚的条件下，才有可能达到一定的高度。因此，追求和坚持真理是知识阶层追求学术自由的目的。以真理为目的也就意味着学术自由应该对各种理论和意见持一种包容、理解的态度，求同存异。在这种精神的主导下大学就可以形成一种宽容的学术氛围，在这种氛围中教师和学生都在不断探求真理。相反，如果一所大学不提倡学术自由，不能容忍后辈对学术权威发出的挑战，或者完全被外部力量所牵制并成为利益的仆从，那么，教师以及学生的心智就得不到开阔，他们的创造潜力就得不到激励，也就很难有学术创新。

大学的学术自由精神不但要求宽容，而且还要求应有博爱。博爱是大学教育的特有禀赋，它不仅维系着师生之间的情感，还体现着学术权威对挑战的宽容。真切地关爱学生，诚恳地呵护对权威的挑战，能够激起后辈学子的求真热情，也能够滋润他们的个性品质。同时，通过学生感知来自老师和学术权威的关爱与呵护，也能够激励教师更加认真地去从事学术研究。当然，给予学生博爱并不意味着对学生进行过度地呵护，而是要尊重他们，以言传身教方式，互敬互爱的态度，充分激发学生的潜力与禀赋。正是因为学术自由，才能够容纳各种各样的人才，也才能够造就一代代大师，积淀一所大学的独有文化底蕴和精神气质，使得大学能够获得长足的发展，并持续不断地影响和推进社会的发展。

相反，学术空气的压抑和沉闷只能使思想的火花窒息，如果没有自由的学术，那么，大学乃至社会的发展将会陷入狭窄的胡同。历史的教训值得我们吸取，从秦始皇的“焚书坑儒”到汉武帝的“罢黜百家，独尊儒术”，再到“文化大革命”，都不同程度地使学术发展遭受重创。鉴于此，就必须要坚持和保护学术自由。当然，学术自由并不是社会和国家施舍给学术圈的一种特权，而仅仅是一种工作条件，使学术领域的教师和学生有从事学术研究的自由。

目前，我国学术自由的现状存在着一些令人担忧的问题，原因在于当今社会的学术领域出现了一些异化现象，这些异化现象不断地侵蚀着学术自由的空气，使学术自由处于不利的境地。当前对学术自由的侵蚀主要表现在社会对学术成果评价上过于急功近利，关注于数量而忽视质量，看重成果而不关注学术品位。这种状况的产生既是社会不良风气侵蚀大学的结果，也是少部分大学学者、教师和学生自身素质不硬的结果。在当下，社会上的各种诱惑使得一些教师迷失了自我，忽视了学术的崇高和纯洁。他们把学术视为商品，以此来换取金钱、名誉、地位等，将学术引向了名利场。这会对大学产生非常不利的影响，对于学生也会产生不好的示范作用。

由此看来，学术自由既需要社会和国家创造条件，亦有赖于学者、教师的自觉维护。教师人格的独立和完善是学术自由的前提，他们的人格尊严也是学术自由的基础。教师要自觉加强自身的道德修养，为学生提供一个好的榜样，使自己具有强烈的社会责任感和使命感，把做人和做学问有机统一在一起，使自己的人生因学术成就而得到社会的认可。

3. 言论自由。

大学精神之自由精神不仅要求有思想的自由、学术的自由，还要有言论的自由。

言论自由是指大学中的教师以及学生在不违背国家法律法规的前提下，能够按照自己的意愿自由地发表自己的意见、观点，而不受外在力量的侵害和管制。言论自由主要体现在三个方面：即私下言谈的自由、公开演说的自由、以文字形式出版著述和公开发表文章的自由。

言论是思想的外显，言论的自由也就可以体现思想的自由，它能够激发教师和学生的研究热情，对现实与他人产生影响，能够带来相应的社会影响。它往往带有对大学内部环境与社会环境的反思和批判，这种反思和批判又在一定程度上能够为大学乃至社会的发展提供思想的启发和素材，这样的言论具有相当的社会价值。因此，大学的自由精神也要体现在言论的自由上。如果言论受限，那么，大学的自由思想就不能外显，大学的自由精神也就不能充分体现。

当然，言论自由也是相对的。言论自由不能违背国家的法律法规，也不能损害他人的正当权利。大学是追求真理的地方，是自由表达思想、观念的场所，大学应该支持、鼓励公开的、自由的交流。只有充分尊重教师及学生的言论自由，使他们的言论去接受实践的检验，才能激发他们的学习和工作热情，从而更好地保证他们去追求自由，探求真理，去为学术的发展、大学的发展以及社会的发展作出自己力所能及的贡献。

第五节 创新精神

创新精神随着时代的发展而愈显重要，它是与创新活动联系在一起的，它是现代大学精神必须具备的内涵。它是一种勇于突破现状、实现超越的精神。不满足已有的认识，不断追求新知；根据实际需要或新的情况，不断进行革新；不墨守成规，敢于打破原有的条条框框，探索新的规律、新的方法；不迷信书本、权威，敢于根据事实和自己的思考，向书本和权威质疑；不盲目效仿别人想法、说法、做法，不人云亦云，不唯书、不唯上，等等。

现阶段，大学的主要职能就是培养创新型人才。在教育的过程中激发学生的创新活力，形成创新精神，促进学生创新思想和行为的养成。大学是继承、传播、创新知识的场所，创新精神已成为大学精神的重要特征。大学的创新精神，主要指向以下四个方面。

（1）人才培育。人才培育指向就是以创新精神来培育具有开拓创新精神和强烈人文意识的人才。

（2）科学研究。科学研究指向就是通过鼓励开拓科学这个无止境的领域取得大量开拓性的成果。

（3）指向大学自身发展。一代代大学人不断根据社会经济发展的需要和大学的新理念来改造大学、发展大学，使大学精神能够引领大学发展。

（4）指向社会发展。大学精神通过辐射作用和培养出来的人才对社会发展产生影响，引领社会文化发展，推动社会进步。

大学创新精神与科学研究相关联就体现了对于知识和真理的追求和探索，并在这样的追求和探索中不断地创新知识、发展知识。这种探索需要坚强的意志和毅力，也需要团结协作的精神，这对大学人的要求是比较高的。大学的创新精神不仅仅体现在教学和科研的过程和成果上，而且还体现在管理工作、思想工作和后勤服务上。

大学创新精神不但对大学发展产生影响，而且会对社会发展产生重要影响。大学创新精神通过辐射作用，对社会产生了一种无形的影响，这种影响不断地推动社会的发展。大学创新精神对社会的影响主要有两种表现：一种表现为质疑精神，它会对阻碍社会发展的因素产生影响，对违背公平、正义的方面给予批判和质疑，使其转向与社会发展相适应的一面，成为社会发展的积极因素。另一种表现就是具有敏锐的时代精神，一所具有独特大学精神的大学必定是引领时代的先锋，它引领着社会不断向前迈进。只要有这样的大学精神，社会才能进步，国家也才能够强盛。

目前，我国部分大学的实际情况是，重视群体轻视个体，求同而不能存异等传统思维模式仍在大学占据着重要位置，这严重影响了大学创新精神的培育和弘扬，从而阻碍了大学的发展。因此，大学需要打破传统思维的束缚，克服传统的偏见，努力寻找新的方式方法，最大限度地树立起创新意识和精神，并持续不断地弘扬这种精神，使其能够持久地在大学和社会中产生影响。

创新产生于激情驱动下的自觉思维，创新精神是由于热爱、追求、奋斗和奉献所形成的精神境界。因此，树立创新精神就要创设开放、民主、自由的环境氛围，形成一种健康向上的、轻松活泼的气氛和环境。创立宽容的、自由的大学氛围就意味着要能够认同大学人的灵感、顿悟等非逻辑思维方式在求真领域所产生的作用。当然，这种宽容是不同的学术视角之间的互相尊重与理解，也是形成活跃、健康的学术研究所必不可少的精神基础，是培养学生创新精神的基石；这种宽容体现在科学探索中就是对失败的宽容和理解。在某种程度上可以说，创新的过程就是一个不断试错的过程，如果不能容忍错误，那就堵塞了通向真理的道路。同时，还要能够给大学人提供充分表现特殊才能的机遇和平等权利，增强他们的创新意识和创新精神，让他们切切实实地感到自己是一个发现者、研究者和探索者。创新精神会随着时代的发展而不断显示出自身的重要性。

第六节　重塑大学精神

大学要保持生命之树常青，就需要一代代大学人对大学精神进行守护和重塑。前已论及，如果一所大学没有了大学精神，那么这所大学也就失去了其生命力。然而，当前国内大学的大学精神建设遭遇到了一些困扰，出现了一些问题，使得大学精神不能得到真正树立和弘扬，也不能发挥它在大学教育当中应有的作用。这些困扰和问题产生的原因是复杂的、多方面的，概括起来，可分为内部原因和外部原因。

内部原因主要集中在体制方面，其主要表现为大学已形似行政机构，学校及领导被确定了行政级别。不可否认，在现在的国内大学中也确有出类拔萃者，但总体上开拓意识不强，缺乏如蔡元培、梅贻琦那样的大家，他们不能够充分地理解大学精神，也不能够很好地重视大学精神建设。此外，在学校管理方面，一些学校更多地是要求教师、学生只能这样做不能那样做，只能顺从不能叛逆，缺乏机动性和灵活性，使得大学制度成为死条条、死框框，严重地束缚了大学人积极性的发挥，影响了大学精神的构建和大学师生的个性发展，这就使大学精神不能得到很好地守护和传承，跟着时代的发展重塑大学精神就几乎成为一种奢望。

外部的原因主要来自于社会，其主要表现在三个方面，即大学的市场化倾向、功利化倾向和世俗化倾向。这三个方面都不同程度地体现了大学在外在诱惑下所产生的自身发展方向的偏离，这也使得大学精神产生了偏向和扭曲。

首先，大学的市场化倾向弱化了大学的独立精神和自由精神。在市场经济规律作用下，各种民办高校、独立学院、二级学院得到了较快发展，高等教育作为服务产品开始表现出产业化特征。国家对高等教育实行成本分担政策，政府的财政拨款增加缓慢，交费上学使大学的公益性开始弱化。这种将大学推向市场的状况使得大学的发展不得不依赖于社会力量，也不得不受到这种力量的影响和制约，从而使大学精神之独立、自由精神被弱化了，甚至使大学沦为市场的奴隶。

其次，大学的功利化倾向淡化了大学的求是精神和创新精神。目前，大学急功近利的倾向日益明显，体现为各大学竞相扩校、合校、修建大学城，追逐能够在社会中最快得利的热门学科建设，片面追求实用的科学技术主义，忽视人文学科建设。大学的功利化倾向使得大学很难坚持求是精神和创新精神，这与大学的使命是不相符合的。大学是一个传承文化和创新文化的地方，不仅仅要探索和发展专门技术，还要守护好大学的求是精神和创新精神，履行好大学对社会发展的历史使命。

最后，学术的世俗化倾向抹杀了大学的人文精神。大学是探索和追求真理的殿堂，应该成为推动社会发展和变革的智力库，应该把服务社会和引领社会文化发展作为自己的重要使命。大学的学术研究不仅要为经济和社会发展提供强大的人力资源支持，而且还要为人类进步提供强大的思想动力，以引领人类的精神追求和道德信仰。但是，在物质化社会大潮的冲击中，部分从事学术研究的知识分子的世俗化倾向日益加重，学术研究成为了求取荣誉和名利的手段和可供炫耀的凭据，使得包括学术研究在内的一些活动带上了功利的色彩，很多时候师生之间的关系都是建立在相互的利益基础之上，甚至于学生参加一些社团活动都首先要看是不是能够给自己加考核分，使自己多得一些奖学金，等等。这些使得大学精神中的以关怀大学人能力增长和人格完善为核心的人文精神和甘于寂寞、甘于献身的奉献精神似乎到了难以立足的地步。

如果一所大学想获得长足的发展和恒久的生命力，就不得不发展它的大学精神。尤其是在当下这样一种大学精神受到各种困扰的背景下，更需要重塑大学精神。

蔡元培先生入主北京大学之后，以“兼容并包，思想自由”为指导进行改革，使北大能够孕育和发起“五四”运动，作人民思想之先导，从而成就了北大精神。“此种虽斧钺加身毫无顾忌之精神，国家可灭亡，而此精神当永久不死。”① 竺可桢先生在浙江大学主校时，努力倡导不怕牺牲、审思慎行的求是精神。在西方，德国的洪堡在1806年拿破仑击败普鲁士以后，在备受战败屈辱的背景下，以大学“应当相对独立，应当研究学术，发展科学”等为原则，强调大学的自由和宁静来组建柏林大学，并不断地形成大学精神，使得柏林大学在后来的不断发展中一跃成为欧洲学术文化的中心地带。② 由此启示，结合笔者的经验，我们可以从以下几个方面着手建设和发展大学精神。

1. 重视对大学管理层的选拔。

在今日之中国，选拔大学管理层是重塑和铸就大学精神的“核心”。大学领导层是大学发展的领路者，是大学的“核心”和“神经中枢”，尤其是大学校长独特的人格魅力、远见卓识、学术造诣、教育理念、管理才能、智慧火花等都对大学精神的重塑起着决定性的影响。大学校长的角色很特殊，集多种社会角色于一身，既是领导者、教育家、创新者、教导者，又是管理者、继承人、协调者、劝说者。好的校长是带起一所好的大学的前提条件，也是大学精神得以重塑的先在条件。比如，蔡元培、梅贻琦、张伯苓等本身就是知名的教育家，具有前瞻的眼光和胆识，为“北大精神”、“清华精神”、“南开精神”的形成奠定了基础，并使这些大学的声望与日俱增。因此，一所好大学及其大学精神的铸就必须要有一个优秀的管理团队。只有建立健全良好的团队选拔机制，才能使那些学术造诣较高，具有出色的管理才能，具有极强的事业心和献身精神的学者担负起管理大学的重任，才能为大学精神的重塑和大学的发展贡献出自己的力量。

2. 审视大学的培养目标，摆正大学与社会的关系。

培养目标是高校工作的出发点和归宿，对整个教育过程起着导向、激励、调整和监督的功能。目前，我国有些大学的培养目标越来越趋向于“实用”性，几乎快将大学变成培训机构了，将大学生接受

① 马寅初：《北大之精神》，参见杨东平《大学精神》，辽海出版社2000年版。
② 刘琅、桂苓：《大学的精神》，中国友谊出版社2004年版。

教育的目的更多地显现为获得一张“文凭”，并借此换来一份满意的工作。这直接导致了学生强烈追求热门专业、追求获得各种各样的资格证书的现象。这种功利性的学习目的，使学生成为机械的考试“工具”，除了死记硬背以应付考试以外，觉得再也没有学习的“必要”。这种状况导致学生的知识水平和人格水平难以获得提升，从而难以实现由自然人向健全社会人、道德人的转化，也导致了大学自身整体品质的下降和大学精神的衰落，影响了大学培养人才、创新文化、推进社会文明和进步等功能的发挥。

大学的培养目标是使学生获得全面发展，提高学生的综合素质，即养成大学生的完满人格、激励他们活跃的思维、巩固他们的基础知识以及提高他们对知识的运用能力等。也就是说，大学不但要“教书”，更要“育人”。注重科学文化和科学技能的传授，而忽视人文知识和人文素养的提高，这是不可能培养出全面发展的大学生的，是培养不出“四有”公民的。

因此，大学需要对目前人才的培养目标进行重新审视和转变，要从培养实用性的“人材”转变为培养具有综合文化素养及完满人格的“人才”。这就对当今的大学教育提出了更高的要求，即教育要继续成为一个生机勃勃的有机体，能够运用智慧和精力去满足个人和社会发展的需要，唤醒学生的潜在力量，培养他们自我学习的积极性、主动性，以使他们在踏入社会后能够继续学习，提高自己，发展自己。社会生活固然会教人如何做人，但是在现代社会，不能以世俗标准来衡量和支配一个受过高等教育的人的为人方式，而必须要有大学的一种特定方式来衡量，这是日常生活的训练所不可能达到的。

大学的培养目标最终是面向社会的，而且大学自身也不是与社会相分离的，因此，大学的培养目标及其精神的重塑和发展都要受到社会的影响和制约，尤其要受到社会主义市场经济的影响，如何处理大学和市场经济的关系，这对于大学培养目标的明确、大学精神的重塑具有十分重要的意义，也是处理大学与社会关系的关键所在。

首先，大学不是企业，而是追求真、善、美的“学问之府”。大学主要以培养人才和创新文化的方式与市场经济沟通和衔接。大学教育活动，不是社会经济活动。市场经济是一种经济活动，其内在规律为经济规律，与教育规律不能等同，因此，它不能替代教育规律，同时，也不能取消教育的相对独立性。教育过程、教育目标、教育结果都不能与经济指数相提并论。但是，市场经济发展水平又影响和制约着大学的教育资源、人才培养目标、课程设置等。如果无视市场经济发展对大学培养目标及其发展的制约，就难以准确把握经济社会的变化，从而使大学教育所培养的人才难以适应社会需求。

其次，大学的品质和功能决定了大学是推动社会健康发展的重要阵地。大学具有自己的独特品质和功能，这些品质和功能促使着大学要为社会发展服务、去引领社会发展的潮流。大学的本质决定了大学不能仅仅是服从社会，不能仅仅是去适应社会现实，而是应立足于社会的持续发展，立足当前，着眼未来，在促进经济发展的同时要发挥其批判功能，促进社会健康可持续发展。

最后，大学在为社会发展服务的同时，也要强调大学的相对独立性，使大学的发展不随意受社会的支配，而是更多地由大学根据自己的“校情”去决断。只有这样，大学才能成为人们向往的自由的殿堂、人类文化的家园、精神的居所，从而为社会健康发展作出更大的贡献。

3. 重视大学制度建设。

重塑大学精神，大学制度是不可或缺的部分。大学制度的核心任务是保持大学自身与外在社会之间和谐共赢的发展关系，维持内在自由与秩序的平衡，而不能偏执于秩序或自由的任何一端。大学制度既表现为对大学及大学人权利的维护与保障，也体现为对大学及大学人行为的约束。即一方面维护大学的自由不受外界的干扰，另一方面，使大学的自由限定在一定的秩序之中，从而维持大学永久的有序性。大学制度建设归根结底在于夯实大学的制度根基，从大学的精神出发去构筑大学的制度体系。制度的形成具有因时因地性，生搬硬套他人的制度模式或者随意更改制度都将降低制度的实效性。

因此，大学制度的建设与革新必须立足于实际，从实际出发，在既关注群体的同时也要注重个体的发展，这样才能为大学精神的重塑创设一种宽松的氛围。与制度联系在一起的就是制度的实施，即学校的管理。建立和健全民主管理体制，使大学教师，尤其是大学教授，在学校的学术事务上，享有决策权，使他们能够在学校的课程设置、授课时间、授课对象、教学方法、考查考核、新生入学标准以及学生的毕业、升级等方面享有知情权、参与权和决策权，为大学精神的形成和发展营造一个宽松、自由的环境。同时，管理还要坚持依法治校的原则，提升依法治校的水平，探索建立一种开放、灵活、高效的教学、科研、管理等模式，推进学校决策的民主化、科学化，形成大学自我发展、自我约束的良性运行机制，形成自己独具特色的大学制度文化。

4. 严格选拔和培训教师。

大学教师是大学精神的继承者和创造者，是大学精神的载体。考察大学发展历史就可以知道，知名大学都非常重视大学教师在大学精神塑造中的作用。大学精神的重塑要求严格选拔和培训教师。

梅贻琦先生就任清华大学校长时就十分强调大学教师的作用，经过多年的努力，清华大学在那个时代成为拥有王国维、梁启超、陈寅恪、赵元任等大师的名校，他们的学识名扬海外，对清华精神的铸就起到了巨大的作用。北京大学在蔡元培先生主持时期也具有同样的情形。蔡元培先生特别强调广聘名师，不拘一格，唯才是用，先后聘请了陈独秀、胡适、鲁迅等大师，为北京大学成为知名学府奠定了坚实的基础……由此看来，一所大学若要重塑和铸就大学精神就必须严格选拔和培训教师，不拘一格，唯才是用。

大学教师对重塑大学精神的影响主要体现在大学教师的独立人格、学术水平和对学生的引导等方面。

（1）教师的独立人格对大学精神的影响。大学教师是社会前沿文化的创造者和引领者，承担着人才培养、科学研究、引领社会文化发展的重大职责，因此，就必须要有独立的人格。大学教师只有拥有独立的人格，才能够做到思想自由，才能够为教师的人生构建起多方面的重要价值。在教学中，大学教师的独立人格与思想自由，最能激励和培养出思想自由、视野开阔、求学执著且很有骨气与才气的年轻学子。相反，如果大学教师的独立人格不完善，其学术研究就可能难保质量，其对学生的教育也就会大打折扣，难以收到应有的效果。

（2）教师的学术水平对大学精神的影响。大学教师应该有能在专业学术前沿解决新问题的能力，即在自己的专业领域有开阔的视野，深厚的专业知识、理论技能及实践经验，能透彻地解释专业基础问题，有对专业问题的深邃见解，有精明的应用研究能力，等等。大学教师只有具有这样的专业能力，才能在教学活动中把最前沿的知识、最先进的思想传授给学生，才能够创新知识，激励思想，开阔视野，培育学生的完美人格，也才能够推进大学精神的重塑。

（3）教师教书育人对大学精神的影响。大学教师教书育人，主要是让学生具备深厚的专业知识，具有娴熟的专业技能，具有一定的创新能力，启发学生形成创新思维，激励他们活跃而自由的思想，获得发现和解决问题的方法以及自我个性的培育和人格的完善。大学课堂的关键是培养反省、批判、怀疑、提问、探索的能力。面对“知识爆炸式增长”的社会，在课堂当中，教师的职责是传递基础知识，激励学生的思想，开阔他们的思路，培育学生的品格，为学生未来的发展奠定基础。除此之外，大学教师也是学生生活上的朋友、思想上的引导者。随着时代的发展，专业知识更新速度加快，教师需要紧跟专业前沿，促进学生专业水平的不断提高。教师教育学生的过程、方式、方法等都会对大学精神的重塑产生影响，因此教师要不断探索新的教学方式和方法，注重提升教学效果，从而为大学精神的重塑和发展贡献自己的力量。

5. 倡导大学自治、学术自由。

大学从本质上讲是一种以人才培养为主线的学术机构，学术创新和培养人才是大学的主要追求目标。学术活动是追求真理的活动，对真理的追求是一个永无止境的过程，需要不断地创新，它必须要在一个自由且不受外界干扰与强制的环境中进行，而且要允许不同学术观点的交流、碰撞与争鸣，否则就不可能产生真理的火花。

探寻真理，必须要以学术自由为前提。因为只有学术自由，才能为大学师生提供一个自由的空间，才能使他们在无干扰和压力的条件下对自己感兴趣的问题进行讨论和研究。要实现学术自由，就不得不讲到大学自治。

学术自由是大学师生个人的自由，大学自治是一个组织的自由。大学师生的学术自由，要求消除内部管理机构对学术及其研究的种种限制。如果大学自治的力量被用在抵御外部力量对大学的学术研究和大学师生的学术自由的干涉上，自治的大学就成为学术自由的保障；如果大学自治的力量用在对大学师生的学术研究设置种种障碍上，自治的大学就成为压制学术自由的机构。

相对于大学自治而言，大学师生的学术自由更为根本，对社会发展的意义更为重大。如果自治的大学中的教师没有学术自由，大学自治就会失去其相应的意义和价值。同时，大学自治又是学术自由的依存体，决定着学术自由的性质、水平和目的。也就是说，大学自治为学术自由提供了广度和深度，而实践学术自由的过程，又是在强化着大学自治信念，推动着大学自治的深入发展。

大学自治和学术自由是大学精神的内核，也是重塑大学精神的内在要求，因此，大学就必须要探索学术能够自由进行的有效区域、界限，以便在这样的空间中使学术活动能遵循它的内在规律而不断发展。只有实现学术自由和大学自治，大学精神才能够在真正的意义上得到重塑。

6. 既要注重科学精神建设，又要注重人文精神建设。

科学精神在营造大学追求真理、崇尚科学的气氛中起着非常重要的作用，科学精神应该体现在大学生活的各个领域。我国经历封建社会的历史漫长，滋生科学意识的土壤相对薄弱，只有大力倡导和崇尚科学精神，才能突破传统思想观念的束缚，促进大学人新观念、新思想、新思维方式的形成和发展；大学生正处在人生成长的关键时期，只有大力倡导和崇尚科学精神，才能更好地激励学生学习科学文化知识，努力攀登科学的高峰；大学精神具有开放性和兼容性等特征，各种思潮在大学相互交锋、相互激荡，使大学成为各种思潮争鸣的聚集地，只有崇尚科学精神，才能引导学生正确地认识和评价各种社会思潮，有助于学生在复杂的情况下养成良好的分辨是非的能力，从而有助于在参加工作后为社会发展作出更大的贡献。鉴于科学精神的重要性，在进行大学精神建设时必须大力提倡崇尚科学精神。

大学发展史表明，科学精神和人文精神是大学发展的不竭动力，是推动大学发展的两个“车轮”，在进行大学精神建设时既要重视科学精神，也要重视人文精神。大学人文精神的内涵非常丰富，主要体现为：

（1）强调对人的理解、尊重。

（2）强调人的主体性的发挥。

（3）强调对正义、公平、自由、平等等的追求和渴望。

（4）强调对人生幸福、生死、人生信仰等问题的深刻反思。

（5）强调对人类的终极关怀。

大学人文精神随着社会的发展内涵不断丰富，目前我国部分大学存在着重视科学、重视技能、轻视人文教育的现象，这对于学生、大学和社会的持续发展是非常不利的，因此大学必须在重视科学精神的同时，加强对人文精神的培育，以促进学生的全面发展。

综上可知，我国的大学精神建设在新中国成立以来获得了较大发展，但是它还存在着一些问题，还有漫漫长路要走。我国的大学要想在新形势下取得更大的发展，就要重塑大学精神。只有这样，才能够在借鉴世界先进文化的基础上，弘扬中华民族的优秀传统文化，重塑具有中国特色的大学精神，从而提高我国大学的核心竞争力。

大学理念能够体现教育目的，反映教育规律，造就大学精神。有关大学理念的话题是一个永恒的话题，是一个常说常新的话题，它对大学文化建设起着“指示灯”的作用，对大学人起着鼓舞人心、凝聚人心的作用，它引导着大学的发展方向。

第七章　大学理念

随着社会和高等教育的发展，有关大学理念的讨论日益增多，讨论大学理念似乎已经成为了一种时尚，这说明人们已经认识到了大学理念对于大学发展的重要性。大学理念的制定要受到社会政治发展水平、经济发展水平、文化发展水平、社会思潮、教育政策和大学过去发展状况的制约，它对大学文化建设起着指示灯的作用，对大学人起着鼓舞人心、凝聚人心的作用，决定着大学未来的发展方向。由此可见，大学理念是随着社会的发展而发展的，有关大学理念的话题是一个永恒的话题，是一个常说常新的话题。

第一节　大学理念概述

大学是社会发展到一定阶段的产物，它是为社会发展服务的，不能离开社会而独立存在，因此大学理念一开始就被深深打上了时代的印记。不同时代的大学，其大学理念就会有所不同。中国大学理念的形成和发展既吸收了中国传统文化的精华，也借鉴了西方大学理念的精髓。

如前文所述，大学理念是一个内涵丰富的概念，它是人们关于大学的基本观念，主要包括人们对大学的精神、性质、功能和使命等的基本认识，它会随着社会的发展而发生变化，是指导大学发展的航向。好的大学理念能够真正体现教育目的，反映教育规律，造就大学精神。它蕴涵着人们对大学理想追求的认识、大学的办学理念、大学的教育思想观念等。大学的理想追求是对大学的理想和发展目标的构想、展望和追求，即“大学应该是什么”、“大学应该做什么”等，具体就是大学的理想、大学的信念、大学的目标、大学的变革与走向等；大学的办学理念是人们对如何办学的一种理性认识，它是大学发展的动力所在，受到人们教育观念的影响；大学教育思想观念是大学教育发展的指导思想和基本观念，主要是指“大学需要坚持什么”、“大学应该把握什么”等，由此也就形成了大学教育发展观、大学教育价值观、大学教育质量观等。

下面我们将对大学理念的发展历程作一概述，以期较为全面、客观地了解大学理念的内涵。

一、大学理念内涵的丰富和发展

随着真正意义上大学的产生与发展，大学理念在大学发展过程中的作用日益重要。大学理念的内涵并不是固定的，一成不变的，而是随着时代的发展而不断发展变化的。大学理念的发展经过了中世纪、近代和现代，有关讨论也从哲学领域过渡到了教育学领域，并且大学理念不断丰富化、具体化。纵观大学的发展过程，大学理念的发展大致可以分为三个阶段。

1. 经典大学理念。

经典大学理念是从中世纪开始出现的，它是伴随着真正意义上的大学的产生而产生的，历经欧洲传统大学兴盛时期、黑暗时期，是在文艺复兴、宗教改革乃至工业革命的影响中逐步孕育而成的。“中世纪大学的兴起，是中世纪复兴的不可避免的结果。”① 世界上第一所高等学校一般认为是意大利的博洛尼亚大学，诞生于 1088 年。博洛尼亚大学曾经提出了这样一种理念：大学是大家来学、来讨论的地方。即大学是一个学者的团体，一个产生和传授知识的实体。那时大学受到教会的控制，为了摆脱教会的控制，大学人进行了不懈的努力。那时，大学作为知识的交流中心，知识就成为了大学这一实体的核心。这些大学在办学中逐步形成的对于大学发展的观念和看法可以说就是孕育中的经典大学理念。这种理念所认定的核心就是大学是产生和传

---

① 佛罗斯特著，吴元洲等译：《西方教育的历史和哲学基础》，华夏出版社 1987 年版。

授知识的实体。

经典大学理念后来有了进一步的发展。19 世纪初，工业革命兴起后，自然科学受到人们的重视，而人文学科却逐渐被忽视。面对这个挑战，纽曼创立和捍卫了博雅教育理念。纽曼的博雅教育理念的核心是大学的目的是培养或造就有智慧、有哲理、有修养的绅士，大学的职责是提供智能、理性和思考的练习。纽曼认为，大学是传授普遍性知识的场所，是一切知识和科学、事实和原理、探索和发现、实验和思索的高级保护力量。它描绘出理智的疆域，对任何一边既不侵犯也不屈服。大学所传授的知识不应该是对具体事实的获得或实际操作技能的发展，而是一种状态或理性的训练。①

应该说，这一时期的大学理念包含的价值观都是以知识为本位的大学教育价值观。这种价值观反映了大学的发展，特别是尚处于社会边缘时期的大学的内在发展。在这样的大学理念下，大学给人的印象是知识的神圣殿堂，是“象牙塔”，是“相对无政府主义”的自治团体。经典大学理念是大学发展史上的宝贵财富，对现代大学的发展仍有重要借鉴意义。

2. 近现代大学理念。

近现代大学理念是在经典大学理念中孕育出来的，又结合时代的特点有所发展。近现代大学理念结合时代要求，对经典大学理念进行了反思，对大学的本质及其办学规律给予了以不断的文化觉醒和理念创新为内涵的认识。近现代大学理念以德国和美国为代表。

（1）德国洪堡的大学理念。

1810 年，德国著名教育改革家洪堡受命组建柏林大学，基于大学作为知识中心的传统认识，他提出了著名的“洪堡五原则”，即大学应当相对独立，应当研究学术，应当学术自由，应当发展科学，应当服务国家长远目标。基于这些原则，洪堡确立了彪炳世界高等教育史册的大学理念，即大学自治、教授治校、学术自由和教学与研究相统一。

---

① 刘琅、桂苓：《大学的精神》，中国友谊出版社 2004 年版。

大学自治是指大学是一个由教师和学生组成的集合体，为了实现大学的发展，大学必须保持其相对独立性，这就要求大学必须进行自我管理，这也是当时大学摆脱教会和世俗政府控制的需要。教授治校是指大学管理要由教授们来履行，体现教授的自由意志和大学内部管理上的自由，这样就会使大学在追求真理方面获得保障。学术自由是指大学的目的是要追求真理，这种对真理的追求是自由的，跟政治等无关，不应该受限制。教学与研究相统一，就是要求教师进行科学研究要围绕教学，科学研究与教学的目的都是为了促进学生的全面发展。

（2）美国“融入社会，多元开放”的理念。

19世纪，美国要比欧洲落后得多，需要大力发展经济，而发展经济又需要大量的人才，于是，各个州政府积极兴办大学（美国将办大学的自主权移交至各个州政府），把学术与应用，也就是把“学”跟“术”密切结合起来，出现了文、理、法、管、工、农、医等学科的互相结合、交叉融汇，这些学科与其创造的知识被服务于工农业和其他生产劳动，发挥了大学教育直接为区域经济和社会发展需要服务的职能，形成了大学“培养人才、学术研究、社会服务”紧密结合的新理念。大学的功能由此得到扩展，这对美国的经济、政治以及整个综合国力的提高发挥了重大作用。

与欧洲大学的精英教育不同，美国大学与社会需求密切挂钩，产生了不同类型、不同层次的学校，这些学校的兴办使美国的大学教育首先进入了大众化时代。美国大学的这一倾向，对20世纪后期世界各国都产生了积极影响，世界各国的大学理念都在发生积极的转变。大学教育由欧洲的精英教育过渡到美国教育的大众化教育时代，体现出了大学教育向着公平与平等又迈出了重要的一步。当美国大学逐步融入到社会中以后，大学面临的挑战就是如何既能够满足文明社会众多领域不同层次的需求，又能够满足人们自身发展的需要，同时还能坚持它自身的相对独立性。在解决这个矛盾的过程中，美国形成了独具特色的多元化大学。

美国大学的特色兴校之路，为世界各国提供了可供借鉴的榜样。

这一时期大学理念主要强调的是，大学不仅仅是一个教育机构，还应是一个研究机构，担负着知识传承、文化创新和服务社会的使命。

3. 新的大学理念。

新的大学理念是在对经典大学理念和近现代大学理念的批判中形成的，它与新时代紧密相连。大学要发展，就必须要适应新时代的发展要求，要具有时代性、前瞻性、现实性和独特性。这就要求有新的大学理念来促成大学在新时代的发展。我们不妨从四个方面来对新的大学理念进行探讨。

(1) 大学应当与社会密切联系，同时又保持其相对的独立性。

大学的发展离不开社会，大学要为社会发展服务。大学拥有的最重要资源就是人才，此外，它还有取得创新知识的仪器、设备和环境，如高级的仪器设备、实验室等。大学回报社会、服务社会最好的方式就是为社会提供更多的人才，提供更多的创新知识。但是，大学要回报社会、服务社会，绝不能以丧失自身的相对独立性为代价，应该充分发挥大学的批判功能，促进社会的健康发展。

此外，引领社会文化发展是大学的第四项职能。对于当今的社会发展而言，无论是生产还是生活，都需要文化来引领，以使生产和谐发展、民众生活幸福。在这方面大学是大有可为的，它能够用创新的文化引领社会的发展。

(2) 大学要面向长远，注重提高大学生的综合素质。

大学要为社会作出自己应有的贡献，就要提高大学生的综合素质，即提高大学生的思想道德素质、文化素质和各种能力等。对于大学生的培养既要注重知识与能力，又要重视他们思想道德素质的提高。

传统教育中过分强调专业重要性的做法的弊端日益显现。要培养大学生的综合素质，就应该将通识教育与专业教育相结合。既要通过通识教育来提高受教育者的全面素质，又要通过专门教育和职业培训为受教育者提供从事某种职业的准备，使其在具有全面素质的同时还具有核心竞争力。

（3）大学要发展，最重要的就是要打造优势学科。

优势学科是大学核心竞争力的重要组成部分，是大学自身的招牌，是其能够长足发展的资本和特色。打造优势学科不能过于单一，要注重科学与技术的结合，科学与人文的交融，基础与应用的协调。当然，打造优势学科还需有所侧重，这样才能突出大学的特色。同时，开放办学是打造优势学科的客观要求。所谓开放办学，就是指大学应该成为一个各种知识交流的活跃场所，它要求用全球化眼光看问题，培养学生的国际化视野。

（4）大学要适应市场机制，在市场竞争中求生存、谋发展。

竞争是多方面、多维度的，因此，教学和科研也要从多方面、多维度展开。否则，大学所培养的人才就不能在竞争中占据优势。此外，从现实对于大学的评价来讲，大学有特色，质量高，那么它的毕业生在社会上也就受到欢迎，学生求职也就比较容易。相应的，职位也较好，收入也较高。要使大学能够适应市场机制，就要求大学的管理要讲求效率与效益的统一。良好的管理能够给大学带来宽松的环境、自由的思想和学术氛围，也能够直接地推动大学自身的向前发展。

这一时期，大学理念主要强调的是大学不但是传承文化、融合文化和创新文化的机构，而且还承担着引领社会文化发展的重任。

通过对大学理念演变历程的简单回顾，我们发现：大学理念是在不断继承以前理念优秀成分的基础上发展起来的，同时它还吸收了时代发展的优秀成果。

二、大学理念的特征

大学理念的特征有许多，概括起来，主要有以下五个方面。

1. 传承性。

大学理念随着时代的发展而发展，大学理念具有历史延续性，即传承性。大学理念发展具有自身的规律，它是在批判以前理念的基础上，不断继承其优秀成分的前提下发展起来的，并在整个大学发展的历史中始终遵循该规律。从经典大学理念到近现代大学理念再到新的大学理念的衍化中我们会发现，培育人（至于培育什么样的人暂且不论）始终是大学理念的核心问题。

2. 多元性。

大学理念具有多元性。大学的发展已经经历了几个世纪，大学理念随之也有了几个世纪的发展。经过这几个世纪的发展，现代大学已形成了一个多元的体系，不同的大学有着不同的功能定位，但却都强调自己的特色。这当中有巨型的综合性大学，也有微型的特色专门性大学；有以研究为主的大学，也有以教学为主的大学；有实施自由教育的博雅学院，也有以技能训练为主的社区大学，甚至还有新兴的网络大学等。

现代大学已成为世界多元文化交流与融合的前沿，大学理念作为大学文化发展的导引，自然也应该是多元化的，这也是现代大学相互交流与合作的基础。

3. 人文性。

新的大学理念要求追求人的全面而自由的发展，这就暗含了大学理念的另一特征——以人为本，即人文性特征。人文性特征具体体现在大学以何种方式来促进学生的发展，使他们的个性得到张扬。社会发展对大学生提出了更高的要求，现代大学必须要坚持以人文本，以人的发展为本，促进学生的全面发展和综合素质的提高。

4. 兼容性。

任何一所大学都不可能在所有的学科中都拥有优势，也不能包揽所有的学科和专业，也不能培养出社会所需要的各式各样的人才。因此，每一所大学都应该有创建自己大学特色的办学理念。具有自己的大学特色，不仅仅是大学自身发展的需要，同时也是社会竞争的要求。创建特色需要兼容性，即在容纳不同的思想、不同的文化等的过程中凝练和升华出自己的理念，并以此理念而形成自己的思想和文化。简言之，大学就是要有海纳百川、兼容并蓄、洋为中用、古为今用的思想和理念。

5. 时代性。

大学理念随着时代的不同而不断呈现出新的特点，它具有时代性。大学理念不是大学现实，而是高于现实的理论，具有与时俱进的品格，它有着指导大学发展的明显特点，能够凝聚人心、为大学发展指明方向。从大学发展的历史来看，大学的职能和人才培养模式是和时代发展相适应的，只有适应，大学才能发展，也才能站在社会和时代的前沿，去引领社会的发展。如果一所大学无视时代发展，不去更新其理念，那么，这所大学就会因未看到理念的时代性特征而面临生存和发展的困境。

三、大学理念与相近概念的关系

1. 大学理念与大学理想。

大学理念与大学理想是两个相近的概念，但它们的侧重点不同。大学理想是人们在对大学现实认识的基础上对之展开的可能性的展望、追求和美好向往。大学理念是一个内涵十分丰富的概念，它是人们关于大学的基本观念，主要包括人们对大学的精神、性质、功能和使命等的基本认识，它会随着社会的发展而发生变化，是指导大学发展的航向。大学理念作为一种具有前瞻性、导向性、超越性认识的思想观念，蕴涵了理想和信念。二者的差异性主要表现为：大学理想是大学发展的目标，而大学理念则是实现这个目标的手段；大学理念是以抽象的、概括的、相对稳定的方式体现出来，大学理想则受理念和种种历史的现实的条件所制约，是具体的、可变的。

2. 大学理念与大学观念。

大学理念是理论化、系统化、综合化了的大学观念，对大学发展具有引导作用。大学理念影响着大学教育发展的始终，是对大学教育行为具有一定规范与指导作用的思想。观念是人们对客观事物的看法，大学观念是人们对于大学所形成的看法，它主要包括大学的教育价值观、大学教育质量观、大学教育发展观等。大学理念和大学观念之间有明显的区别，大学理念相对概括和抽象，是体系化了的教育观念的综合，是一种比较自觉的、系统的理性认识；而大学观念相对具体，是观察、分析、论述和处理大学教育发展中所出现的诸多问题时人们所具有的看法和主张，它存在于个人的头脑中，是自发的、感性的、不系统的。

3. 大学理念与办学理念。

办学理念是指在一定教育观念基础上形成的一种指导大学发展的理想信念，它建立在对教育规律和时代特征深刻认识的基础之上，是大学文化精神的象征，来源并作用于办学实践，反映着办学实践中所特有的理性认识和价值追求。办学理念的偏失和缺乏会影响和制约大学的发展，是影响大学发展的思想障碍，是“大学危机”存在的根源所在。办学理念是大学理念的重要组成部分，是大学理念的具体显现之一。

综上可知，大学理念与大学理想、大学观念、办学理念等既有联系，亦有区别。之所以重视对大学理念的研究，是因为大学理念更为重要，更为根本。一个科学、理性的大学理念，不仅需要有理想、有观念，而且还会有情感、意志和价值寄托其中。情感、意志和价值影响着理想和观念，也影响着大学人的行为。加强对大学理念的研究，是时代发展的要求，也是大学自身发展的要求。如果没有正确的大学理念作为引导，大学的发展很可能漫无目标或者偏离正确的、应有的发展方向。

第二节　大学的基本理念

随着政治多极化、经济全球化、文化多元化、信息网络化和高等教育国际化趋势的不断发展，任何一个国家要想在世界竞争中站稳脚跟，其大学就必须参与全球性的竞争。大学理念是大学发展的指示灯，对大学的发展起着至关重要的作用。了解当代我国基本的大学理念是每一所大学完成其历史使命的前提。

一、大学的坚持社会主义办学方向理念

新中国成立后，我国大学最重要的特征就是我们办的是社会主义大学，坚持大学的社会主义办学方向理念是我国大学的最基本理念。

坚持社会主义办学方向的大学理念，要求大学首先必须坚持中国

共产党对大学的领导，这是由我国的国情决定的。回顾新中国成立后大学管理的历史，我们会发现坚持中国共产党的领导对于社会主义大学健康发展的重要性。新中国刚成立时我国学习苏联模式，实行的是党委领导下的校长负责制；大跃进时期取消了校长负责制，实行党委领导下的校务委员会负责制；“文化大革命”后，1985 年我国开始实行校长负责制试点；1989 年政治风波后，中央和国家意识到坚持党的领导对于大学来说非常重要，1998 年《中华人民共和国高等教育法》第三十九条规定，“国家举办的高等学校实行中国共产党高等学校基层委员会领导下的校长负责制”。

高等教育管理的实践表明，我国的社会主义大学必须坚持中国共产党的领导，才能保证办学方向的正确，才能保证学校和社会的健康发展。

坚持社会主义办学方向，还要求大学必须坚持社会主义意识形态教育。在大学进行社会主义意识形态教育，目的是为了保证人才培养的思想方向，关系到我们社会主义事业建设者和接班人的基本政治素质。社会主义意识形态教育主要是通过在大学开设马克思主义理论课程实现的。加强大学生马克思主义理论教育是新中国成立后大学教育一以贯之的主导理念，它对于大学生树立正确的世界观、人生观和价值观发挥了积极作用，是我国大学的教育特色。随着时代的发展，坚持社会主义意识形态教育不会过时，也没有过时；它不能被削弱，而应该得到加强。当然，对于在大学进行的社会主义意识形态教育过程中出现的一些具体问题，我们必须得通过课程改革等形式予以解决，以促进社会主义意识形态教育的进一步发展。

二、大学的以人为本理念

随着社会的发展，以人为本的理念受到人们的日益重视，它已成为我国科学发展观的核心理念。大学作为培养人才和创新知识的场所，树立以人为本的理念显得尤为重要。

大学的以人为本理念要求大学发展必须以大学人为本，主要是以教师和学生为本。大学以学生为本，就是说大学要尊重学生，重视学生的主体地位，一切从学生自身的发展需要出发，一切为了学生的发展，使大学生成为全面发展的人，具有核心竞争力的人。大学以教师为本，就是说大学要尊重教师，重视教师在学校发展中的重要作用。学校发展依靠教师，学校发展成果由教师共享，促进教师与学校的共同可持续发展。

树立以人为本的大学理念，大学工作需要摒弃“以工作论工作”，“目中无人”的观念，树立以大学人为本的理念。创造条件，充分发挥大学教师和学生的主体作用，使他们意识到自己的价值，使他们的发展得到充分保障，使他们成为具有积极进取精神和创新精神的人，实现他们与大学的共同发展。

树立以人为本的大学理念，就是要求大学管理要树立“管理就是服务”的观念，在管理的过程中要尊重教师和学生，在事关他们利益的管理过程中，要考虑他们的需要，尊重他们的意见，保护他们的利益，使教师和学生积极主动地参与到学校的管理中，促进学校与大学人更好地共同发展。

三、大学的社会化理念

面对知识经济时代，作为社会中坚的大学，必须要树立起社会化的理念，使自己在人才培养、高水平科学研究、知识创新等方面充分发挥功能，承担起更多的社会责任，更好地服务社会、引领社会文化发展、推动社会进步。

大学与社会发展是密不可分的。大学是社会发展到一定阶段的产物，随着社会的不断发展而发展，并从社会的边缘逐步走向了社会生活和生产的中心。因此，树立大学的社会化理念不仅是对大学发展中历史经验的总结，同时也是当今社会发展的客观要求。

大学的社会化理念应该包括两个方面的含义：第一是要适应社会、服务社会。大学首先要努力适应社会的发展要求，使自身的发展紧跟时代的步伐，甚至于要超前于时代步伐，为社会经济、政治、文化等各方面的发展服务，培养更多的人才，创新文化以解决社会发展过程中遇到的各种问题。但是，适应社会，服务社会并不是要去顺从社会，听任社会的摆布，大学必须坚持自身的相对独立性，发挥自身的批判功能，促进社会的健康发展。第二是要求大学要引领社会文化的变革和发展。联合国教科文组织在《21 世纪的高等教育：展望和行动世界宣言》中指出：“大学应该加强自己的批判和前瞻的功能，为社会提供预测、报警和预防的信息。”“能够完全独立和充分地研究伦理、文化和社会问题，坦率的发表意见，成为社会所需要的知识权威，以帮助社会去思考、理解和行动。”这对于大学引领社会文化的重要职能给出了比较明晰的表述。从这个表述中可以看出，所谓的引领社会文化发展就是大学要以其先进的思想、博大的精神、先进的文化等对社会的发展产生先导性的影响，使这种思想、精神、文化等走出大学的界域，成为整个社会总体的思想、精神和文化。

大学的社会化理念实践，主要表现在以下几个方面。

（1）为社会大众提供接受大学教育的机会，提高他们的知识水平和精神素养。大学要实现多样性办学，形成多样化特征，去适应社会多样性发展的要求。不仅要适当增加研究型大学以满足少数精英自我发展的意愿，而且也要发展大量普及型的大学来适应社会大众对于上大学的渴望。同时，大学在此过程中，还要获取社会对人才培养要求的反馈信息，有的放矢地调整专业设置，改革教学内容，培养出更多符合社会发展要求的各类人才。

（2）大学要重视科研成果的转化与推广。随着时代的发展，社会已不满足于大学通过培养各类高级专门人才和开展基础科研所提供的间接服务，同时也鼓励大学通过开展应用性科学研究等形式直接服务社会。大学具有门类齐全的学科、各种优秀的专门人才、先进的设备等，完全有能力、有条件为社会生产的迅速发展提供科学技术等支持。因此，大学要重视科研成果的转化与推广，为社会发展提供现实的生产力。

（3）大学要孵化和开发知识型产业，要同经济社会之间建立起更加紧密的联系，发挥大学高新技术辐射源和高新技术产业化基地的特殊功能。

总之，大学的社会化理念就是要使大学为社会培养更多的人才，同时以新思想、新文化去促进社会政治、经济、科技、文化等的发展，并坚持自身的相对独立性，发挥其批判功能，推动社会不断健康向前发展。

四、大学的国际化理念

大学的国际化理念，即大学的世界化理念，它的树立是知识经济时代大学发展的必然要求。教育要面向现代化、面向世界、面向未来。当今的大学教育更应该面向世界，树立国际化的发展理念。大学的国际化理念，主要体现在以下两个方面。

（1）大学培养人才目标的国际化。在人才的培养方面要面向世界，培养具有世界眼光，具有包容精神、求同存异精神的高素质人才。

（2）大学要重视加强国际间的交流与合作。通过合作与交流，相互取长补短，相互借鉴发展的先进经验，实现合作共赢，共同促进人类社会向前发展。

随着知识经济的发展，大学的国际化理念将会越来越重要，加强大学之间的交流与合作，相互借鉴发展的有益经验，培养具有世界眼光的高层次人才，共同促进大学和社会的健康可持续发展，已经成为大家的共识。

第三节 大学理念的树立

改革开放以来，随着社会主义市场经济的建立和发展，随着我国政治经济体制改革和大学改革的不断推进，我国大学面临的生存环境已经发生了深刻的变化。这就要求大学在发展过程中，要树立与时代发展相适应的大学理念，以促进大学和社会的共同发展。同时，我们应该看到，由于受到社会功利现象和实用性思想的影响，有些大学在发展过程中出现了大学理念缺失的现象。有些大学即使有大学理念，也是理论一套，实践另一套，大学理念不能真正起到大学发展指示灯的作用。近些年来，大学理念的研究日益受到学者们的重视，在一个侧面说明了我国大学理念现状不尽如人意。

大学的发展需要大学理念。

一、大学理念的缺失

随着市场经济在我国的不断发展，在当今大学中，实用性思想和急功近利思想在大学中逐渐盛行起来。许多大学出现了大学理念缺失的现象，这种现象从长远来看，对大学的发展是极为不利的。只重视眼前利益，不重视对大学长远发展具有巨大作用的大学理念，这无异于是一种“杀鸡取卵”的做法。

在我国，大学急功近利、大学教师急功近利、大学生急功近利的现象已经是屡见不鲜。有些大学的目标是不惜任何手段升格办学，扩大招生规模，建设更多的校舍；有些教师为了评职称，学术研究只重数量，不重质量；有些学生为了将来有个好工作，考证是越多越好，专业知识学与不学则无关紧要，快到考试时临时抱佛脚现象已司空见惯，甚至不惜考试作弊。大学的功利性现象如果不能得到有效遏制，那么大学的这种类似现象将会越来越多，大学与普通培训机构本质不同也就会逐渐消亡。都是为了学技能，综合素质则无关紧要。这种因大学理念的单一化、形式化而出现的大学理念缺失，使得当代大学教育逐渐走向无可救赎的境地，大学变成了工厂、企业，教师——“人类灵魂的工程师”变成了只教授技艺的师傅，甚至少数学校连教授的技艺也是大打折扣的；学生则变成了具有很大相似性的“产品”，没有自己的思想，没有自己的主见，上四年大学还不如在企业里工作四年的收获大。

在这样的大学环境和氛围中，学术功利化了，成为了获取荣誉的工具；教师抄袭剽窃论文，上课应付学生，混拿工资；学生的个性泯灭了，自感人生无意义，出现了精神的颓废和混迹学堂等等不良的现象。于是，学校领导与教师之间、教师与教师之间因发表论文、评定职称等问题而关系紧张，缺少了合作与交流；教师与学生的关系建立在功利化的基础之上，没有了真诚的师生之情，教师与学生的交流场合不再是操场的草坪上、园林中……而是走向了消遣娱乐性的酒吧、茶屋、酒店等。交流的内容也不是思想、学术，而是怎样赚钱、怎样在将来工作后争当领导之类。这些现象的存在致使大学教育质量逐步下滑，大学和饭店、医院、修理厂等的职能差别越来越小。长此以往，它毁灭的不只是几个人，而是几代人，甚至一个民族！

大学理念作为大学发展的“指示灯”，如果能够在大学树立起来，并得到有效的贯彻实施，那么，大学急功近利的现象将会得到有效遏制，大学将重新焕发出迷人的光彩。

二、应该树立的大学理念

随着经济全球化发展的影响，“教育面向国际化”的呼声越来越大，并成为21世纪世界各国大学的新理念。只有乘着经济全球化这一春风，树立起新的大学理念，并使之发挥应有的作用，才能改变目前大学教育中出现的种种弊病，才能使大学文化得到丰富和发展，也才能够使大学得到长足的发展，并向着世界高水平大学迈进。

那么，在这样的背景下，应该树立什么样的大学理念呢？

大学理念随着大学的发展而发展，但是，考察经典大学理念、近现代大学理念与当代大学理念就可以看出，当中亦有共同点，而这也就是大学理念具有稳定性的合理成分，具体来说主要有以下几点。

（1）大学自治和学术自由。即大学必须保持一定程度的独立性，才能出现“百花齐放，百家争鸣”的局面，对大学管得过严、过死，都会阻碍大学功能的完全发挥。当然，身处社会中的大学，它的“自治”和学术的“自由”都是相对的，都是有一定限度的。但必须坚信的是：大学要充分完成其使命，必须坚持大学自治和学术自由的理念。

（2）以文化为核心的发展理念。从本质上看，大学就是文化，是传承文化、融合文化、创新文化的场所，无论是经典大学理念还是新的大学理念都十分强调文化，表现在具体的行为活动中就是对文化的创新和传授，现代大学亦是如此，必须坚持以文化为核心的发展理念。

（3）教学和科研相结合的大学理念。教学与科研相结合，实质上就是传承文化与创新文化相结合。只有这样，大学的作用才能更好地发挥。当今有些大学，过分注重科研而忽视教学，或者教学与科研出现了较为严重的脱节现象，这都是不利于整合学校优势资源、促进学校协调发展的。因此，在当今倡导教学与科研相结合的大学理念是很有必要的。

三、如何树立大学理念

树立符合时代发展要求的大学理念有利于大学的健康发展，也为大学的制度设计、管理和实践提供了依据和参考，有利于大学走出功利和浮躁，重新回到学术自由、思想解放、个性张扬的氛围中，使大学重新闪耀智慧的光芒。大学理念的树立，笔者认为，可以从以下三个方面着手。

1. 明确大学的发展目标。

大学应该具体分析自己的优势和劣势，根据本校实际情况确定人才的培养目标、大学的发展目标，这样才能使大学不至于很容易地在经济、政治、社会等外在力量的左右下失去自我，从而促进自身功能的充分发挥。例如，清政府创办的京师大学堂，其初衷是富国强兵、发展经济、振兴国势，这样的目标从一开始就透露着强国的要求和企望。正是这样的要求和企望才促使其在北洋政府时期不屈服，勇于引领起诸多的爱国运动。再如张伯苓先生创办的南开大学，以“文以兴国，理以强国，商以富国”为指导，使南开大学获得了巨大发展，成为了我国企业家的摇篮。

明确大学发展目标，确立好自己的定位，对于大学来说是非常重要的，也是树立大学理念的首要任务。

2. 确定大学发展的职能。

一所大学如果光有目标还不能促成其发展，还要能够在其目标的指引下确定其职能，也就是“大学应该干什么”。职能的确定也就使大学的发展有章可依，而不致走弯路，或者出现在原地徘徊的情况。

每一所大学都有其发展历史，都有其传统，都不同程度地受着大学传统的影响。当代大学的发展不可避免地要面对传统与现代的冲突与纷争，这样，解决传统与现代的矛盾就成为大学职能确定的主要依据。传统当中自有其合理的成分，比如牛津传统中的博雅，北大传统中的自由，浙大传统中的求是等至今仍闪耀着它们的光芒。在继承大学优秀传统文化的基础上吸收时代发展的新要求，是大学文化发展的本质。因此，确定大学发展的职能首先就要正视传统，要对传统进行批判，在批判的基础上继承传统大学文化中的优秀成分；其次，对于时代的需求也不能盲目，要看到时代真正欠缺什么，应该弥补什么，这样才能真正引领时代的发展。如果看不到这一点，而是随着时代的发展一拥而上，不仅会造成资源浪费，突出不了自己的特色，甚至还会徒劳无功，出现南辕北辙的现象。

在明确目标的基础上确定大学的发展职能，为大学的发展提供现实依据。

3. 规范大学行为。

有了目标、职能，那么，大学具体该怎样做，这就成了大学的具体行为了。大学的具体行为应该具有很大的自主空间，如果一味要求大学必须这样做而不能那样做，大学也就会重新蹈入单一化、形式化当中，形成不了自己的特色，也就没有了活力和竞争优势。但是，大学行为也不能太随意。因此，大学行为需要规范。

大学行为的规范，具有一定的限制性，同时也具有一定的自主性。大学行为就是大学中的具体活动，例如管理活动、科研活动、教学活动、学术交流活动、社团活动，等等。这些活动的规范要求活动的展开要遵循该活动的宗旨和相应的规章制度，而不能超越和违背。民主管理就要体现大多数人的意志，不能在管理中独断专行；科研活动就是要耐得住寂寞，就是要远离功利；教学活动就是要能够教学相长，既对教师有益也对学生有益；学术交流就是要打破限制，敢于让思想碰撞，敢于打开交流的大门，欢迎各地各大学的学者前来或者支持本校的教师前去其他大学参加学术交流，尊重权威但不迷信权威，敢于向权威挑战；社团活动就是要带有人文性、趣味性、知识性等，能够切切实实陶冶师生的情操，等等。

四、确立大学理念过程中应该注意的问题

在当代大学的发展过程中，确立大学理念是必须的。然而，大学理念不是随意就能够确立起来的，它需要大学在发展过程中的不断探索和实践，并不断进行总结。在确立大学理念时，应重点关注以下几个认识问题。

1. 大学理念是大学发展的客观需要。

大学作为传承知识的一种独特的社会群体和文化机构，蕴涵着两层意思：一是特定的知识类型，即知识体系中的高深部分；二是高深知识具体化的场所，即将高深知识现实化，使其对现实的行为发生作用，并体现在现实行为当中。对于大学的上述理解和认识，促使大学形成相应的目标、职能等，并沿着这样的目标迈进，从而促成大学的发展。然而，大学的目标、职能等又综合构成了大学理念，大学理念是大学发展的结果。大学理念一旦形成就对大学的发展产生指导性的影响，成为大学发展的指示灯，它是大学发展所必需的。因此，大学要发展，就必须要树立大学理念。

2. 大学理念的确立要避免出现单一化、形式化的窠臼。

当代我国社会转型的独特机制对我国大学理念带来了深刻的影响。一方面，我国现阶段的国情决定我国大学不可能像西方大学那样成为一个自治的学术机构，我国大学的改革必须要由政府主导、自上而下地进行；另一方面，我国社会向着现代化的转向又决定着大学必须依据其内在特点和市场法则重新认识自己的价值、重构自己的结构和规则。这样的一种制度环境，导致中国大学游走在不同的规则系统之间，主流的意识形态、西方的大学理念、我国的人文传统以及市场的规则共同支配着大学的价值取向。大学理念在这样的环境下，出现了两种极端倾向：一是在主流意识的主导下内容的单一化、模式化，在这样的理念指导下，大学出不了大师，形不成特色；二是不断地追求新颖，却忘乎围绕时代的主要问题来树立理念，于是理念百出，却没有符合本校发展需要的。

大学作为传承文明的场所，其自身理念的树立应该是多种力量博

弈的过程，是众声喧哗的结果，而绝非单一话语独唱的产物。大学理念的形成，要能够均衡各方的利益，使各方都能满意和接受。只有这样，大学理念才能够避免单一化、形式化，也才能避免“百出而无几可用者”的现象，也才能推动大学的发展。

3. 围绕大学理念的对话形式应该是多样的。

既然大学理念是在各种力量的相互博弈中达到的均衡结果，那么，围绕大学理念的对话就应该是多样的，能够反映不同的声音，能够容纳不同的意见、观点等。但是，现代大学中人际关系的分裂使得大学主体分化成了中心与边缘两种群体模式。中心群体垄断了学校资源，独占了学术权力，成为了学术的权威，作为边缘群体的学生和初级学术人员却缺少发言权和决策权，甚至于只允许其接受来自于学术权威的东西，而不能怀疑，更不能发出挑战。大学理念中的学术自由被忽视了，围绕学术缺少了对话。

大学要发展，就必须真正贯彻“以人为本”的理念，尊重学生和教师的创造性和积极性，大学管理者一定要注意平衡各种关系，以学校的发展为重，加强对话与交流。

当代大学发展应该积极倡导多极化主体观，即在学术研究中不存在任何特权，在这个空间里各个主体能够平等地表达自己的思想，尊重权威又要勇于向权威发起质疑和挑战，并能够与其他声音对话。正如亚里士多德所说的那样，“吾爱吾师，吾更爱真理”。只有这样，大学才能出现蒸蒸日上的局面和透露出无穷的活力。

当今世界经济强国，无不都是教育强国。今天的教育就是明天的经济。要想成为经济强国，首先就必须得成为教育强国。我国目前正处于一个重要的战略发展机遇期，大学在这一阶段承担着重要的历史使命。准确地把握大学使命，是我们的必然选择。

第八章　大学使命

当今世界经济强国，无不都是教育强国。党的“十七大”为我们描绘了一幅美丽的发展蓝图，我国将在未来的20—30年内，从经济大国转变为经济强国。在一定程度上可以这样说，今天的教育就是明天的经济，要想成为经济强国，首先就必须得成为教育强国，尤其是在今天的知识经济时代。我国大学教育在从经济大国向经济强国的转变过程中，发挥着不可替代的重要作用。

大学要为社会发展提供创新人才和创新文化，同时要承担起引领社会文化发展的重大责任，这是大学处在我国重要发展机遇期的历史使命和时代责任。当然，任何一所大学都不是万能的，都不可能承担起社会赋予的所有责任，而只能在某些领域最有效地承担起其相应的责任。因此，大学就需要根据社会发展需要和自身的特色，选择其相应使命并使大学富有特色的获得和谐可持续发展。

大学的发展过程就是大学使命的选择过程，履行好大学使命，也就能更好地促进大学向前发展。

第一节　大学使命概述

我国目前正处于一个重要的战略发展机遇期，在这个时期我国既面临着许多机遇，也存在着许多挑战。为适应社会发展的需要，大学必须树立崇高的使命感，履行好自己在社会发展中的使命，促进自身和社会的和谐可持续发展。如果一个国家的大学，没有崇高的使命感，没有对国家对社会的责任感，那么将是大学的悲剧，亦是国家的悲剧。

一、大学使命及其特点

要想了解什么是大学使命，首先就要了解什么是使命。通常意义上的使命就是人们所形成的对某一组织或者机构等的存在而必须承担的责任的一种认定。它通常以组织的目标、宗旨、职能等的形式表现出来。组织不论大小都应有自己的使命，并且具有实现使命的能力。只有有了明确使命，组织才能为社会发展作出贡献，才能促进组织更好地发展。

用使命的概念推及大学使命，大学使命就是人们对大学这一社会组织的存在和发展而必须承担的责任的一种认定。社会需要大学做什么，大学能做什么，这是大学存在的理由，否则，大学就失去了其存在的前提。在特定领域，大学承担责任的能力越强，社会的需要越迫切，大学生存的空间就越大，它的影响力也就越大。

大学使命的存在可以使大学提出清晰的办学目标，促进决策，增强内部利益团体之间和成员之间的交流，有助于提高管理、科研、教学等的运行质量和效率。大学使命具有自身的特点，具体体现以下三个方面。

1. 大学使命随时代的发展而发展。

大学使命并不是一成不变的，它随着大学的发展需要而变化。大学使命反映着大学目标的不断变化，包括其办学目标的变化、教学目标的变化、科研目标的变化等。

2. 大学使命具有多重性和多样性。

大学使命可以分散在大学组织的各个组成部分或领域中，这可以称为大学使命的多重性，例如，在基础研究和应用研究领域有基础研究和应用研究的使命，本科人文教育和职业教育领域有本科人文教育和职业教育的使命，研究生教育领域有研究生教育的使命等。不同类型的大学要有符合于它们自身实际情况和发展要求的大学使命，这可以说是大学使命的多样性。

3. 大学使命具有导向功能和激励功能。

大学使命具有目标指引的作用，它使大学人明确了大学发展的未来愿景，对大学发展具有导向作用；激励性指大学使命通过目标引导全体大学人向着共同的目标迈进，有助于发挥他们的主观能动性和激发他们的潜能。

二、大学使命的发展历程

随着社会的发展，大学使命日益重要，人们对它的认识也日益丰富。我们对大学使命的主要认识进行历史梳理时，会发现如下特征。

1. 中世纪大学的使命主要是传承文化。

中世纪后期，教会、政府等需要受过教育的教会人员、行政人员、律师、医生和商业职员等，大学就顺应这样的社会需求而产生了。此时，大学的主要使命是传承文化，为社会培养所需要的人才。现今的大学仍然具有这种使命。

2. 早期欧洲现代大学的主要使命是传承文化、创新文化和为国家服务。

在早期欧洲，英国、西班牙、法国等国纷纷成为独立的国家，为了加强对大学的控制，它们把许多大学进行了国有化。国有化后的大学除具有传承文化这一使命外，还增加了创新文化和为国家服务的使命。当前世界上大多数大学都是国立的，虽然它们可能具有不同的大学使命，但是都承担着传承文化、创新文化和为国家服务的使命。

3. 美国早期大学的显著使命是为社会发展服务。

美国于1776年建国，发展经济、推进民主化和社会公平是当时美国社会发展的需要，大学适应这一社会发展潮流，将以社会发展服务作为自己的使命，促使越来越多不同层次的学生能够进入大学学习，为社会发展提供了大量各种层次的人才。同时，大学还通过创新文化、将文化转化为生产力等形式促进社会发展。

4. 19—20世纪德国大学的显著使命是注重创新文化。

在世界范围内，对科研任务的实施最具影响力的是19—20世纪的德国模式，这也铸就了当时德国大学的辉煌。德国大学的显著使命就是注重知识创新，注重科研。德国大学注重知识创新的使命为当代大学的发展留下了许多宝贵的财富，有许多值得借鉴的经验。

5. 引领社会文化发展成为当代大学的新增使命。

随着社会的发展，引领社会文化发展已成为新时代大学的重要使命之一，这是由大学本身所具有的批判精神所决定的。一位著名学者曾经说过，“大学不是一个温度计，对社会每一流行风尚都要作出反应。大学必须经常给予社会一些东西，这些东西不是社会所想要的，而是社会所需要的”。① 大学通过对社会文化进行批判，达到扬善弃恶的目的，从而引领社会文化不断向前发展。

随着经济全球化、政治多极化、文化多元化的发展，当代中国呈现出多元化的文化景象，本土文化与外来文化、主流文化与非主流文化、落后文化与先进文化交织在一起，使得大学在发挥引领社会文化方面的作用越来越重要。

6. 弘扬中华民族的优秀文化是我国大学的重要历史使命。

中华民族的文化源远流长，博大精深，它是在本民族发展的过程中逐渐形成和发展起来的，又是在与其他国家各民族交流的过程中借鉴其优秀文化的基础上发展而来的。“弘扬中华文化，建设中华民族的精神家园”是我国高等教育的重要历史使命，是建设中国特色教育强国的重要内容。我国要想立于世界强国之林，就必须重视大学这一重要使命的发挥。

综合以上大学使命的大致发展历程可以看出，大学使命是随着社会和大学的不断发展而发展的，传承文化、创新文化、服务社会、引领社会文化发展是当代大学的四大主要使命，弘扬中华民族的优秀文化是我国大学的重要使命。我国大学的这五大使命是相互联系、相互影响的关系。随着时代的发展，大学使命的内涵还会丰富，大学亦会演绎出新的使命。

三、当代我国大学的使命

从上面大学使命的发展历程可以归纳出，当代我国大学的主要使

---

① 亚伯拉罕·弗莱克斯纳著，徐辉等译：《现代大学论：美英德大学研究》，浙江教育出版社 2001 年版。

命是传承文化、创新文化、服务社会、引领社会文化发展和弘扬中华民族的优秀文化。

1. 传承文化的使命。

大学产生之初，传承文化就是其主要使命，随着时代的发展，这一使命不但没有削弱，反而愈来愈重要。纽曼认为，“大学是传播普遍知识的场所”，德国人主张把大学作为“探索和传播高深知识的机构”。[①] 大学将人类文化进行严格的选择、批判和分析，将优秀文化总结出来，通过教育等形式将优秀文化传授给学生。学生在有选择地接受文化的过程中，其自身的文化素质不断得到提高。

2. 创新文化的使命。

德国大学曾经因重视科研，重视对文化的创新而闻名世界，随着知识经济时代的到来，大学作为拥有各种资源的集合体，创新文化的使命越来越重要。

大学是创新文化、追求真理的地方。大学要创新文化、追求真理就必须要进行科研活动，因此，科研活动是大学进行创新文化的主要手段。教师要抱着严谨的科学态度、秉持科学的研究方法去从事科研，并通过一定的方式激发学生参与科研的积极性，让学生感觉到科研的魅力与乐趣，指引一部分优秀学生走上科研之路。这样，由教师与学生共同组成的科研团队不仅会创造出更多、更有价值的文化，而且会有助于提高人才的培养质量。

3. 服务社会的使命。

大学服务社会的使命主要是通过培养社会发展所需要的人才和将知识转化为现实生产力的途径实现。当然，为了更好地服务社会的发展，大学必须坚持其相对独立性，发挥其批判功能。

（1）为社会培养所需要的人才。随着社会的发展，大学已经从社会边缘日益走向社会中心，服务社会发展、尤其是经济发展的使命已经日益凸显，为社会培养优秀人才、尤其是优秀经济建设人才成为大

① 李萍：《大学文化内核与创新人才培养》，载《中国高等教育》2006 年第二期，第 13—14 页。

学必须履行的重要使命。人才的培养并不是要给予学生具体的专门知识，而是要使他们吸收多种多样的信息，能够从不同的角度提出问题，从而培养他们的好奇心、严密的逻辑思维、独立思考的能力、创新的能力和解决实际问题的能力等。大学培养的优秀人才越多，质量越高，为社会发展作出的贡献就越大。

（2）将文化转化为现实生产力。早期大学服务社会的使命主要是通过人才培养来实现的，在大学进行科学研究后，作为知识经济发展火车头的大学还要把知识转化为现实生产力，这样会为社会发展作出更大的贡献。在欧洲和美国，大学将知识转化为现实生产力正成为大学制度创新的方向之一。近年来，中国大学在知识转化为现实生产力方面也已开始进行积极探索。随着社会的发展，大学通过将知识转化为现实生产力以服务社会发展的方式将会越来越重要。

（3）服务社会的使命还要求大学在社会发展过程中必须发挥其批判功能。不能社会要什么，大学就给什么。大学应坚持其相对独立性，有一套不同于社会的规章制度，坚持自由的学习、研究气氛，“惟真理是瞻”。大学服务于社会并不是大学就必须要屈从于社会，听命于社会，而是以其特有的品质立足于社会，为社会发展服务，同时又要发挥其批判功能，促进社会健康发展。

4. 引领社会文化发展的使命。

引领社会文化发展作为大学的重要使命，在社会发展过程中的作用日益重要。因此，大学要坚持传统与现代相结合、科学与人文相结合、求实与创新相结合，致力于培育追求真、善、美的大学文化。大学文化作为先进文化的重要组成部分，可以通过不断发展先进文化以更好地引领社会文化发展。当然，大学要引领社会文化发展，也必须发挥其批判功能，这样才能引领社会文化健康发展。

5. 弘扬中华民族优秀文化的使命。

任何一个国家的大学都承担着传承民族文化、弘扬民族精神的使命，在当代发达国家主导经济全球化的今天，它们的各种文化、思想不断影响着我国社会的各个层面，此时，大学必须承担起弘扬中华民族优秀文化的历史使命。“和谐”是中华民族优秀文化的精髓，“和而不同”的理念深深地影响着中华民族文化的发展。在改革开放不断推进的今天，我们更应该倡导“和谐”，让大学在促进社会和谐方面作出更大的贡献。

第二节　大学使命与大学文化

大学使命是人们对大学这一社会组织的存在和发展而必须承担的责任的一种认定。大学文化是以大学为载体，“大学人”在对知识进行传承、整理、交流和创新的过程中，形成的一种与大众文化或其他社会文化既相联系、又相区别的文化系统，它衍生于社会主导文化，又具有不同于主导文化的异质性。从广义上说，大学使命也是大学文化的重要组成部分。从狭义上说，大学使命与大学文化的关系如下：大学使命为大学文化的发展提出了要求，指明了方向，推进着大学文化建设不断向前发展；大学文化建设在实现大学使命方面发挥着重要作用，是大学实现其使命的重要方式。

一、大学使命对大学文化建设的影响

大学使命是大学存在的依据，如果大学不履行大学使命，或者没有履行好大学使命，那么，大学的生存和发展将受到质疑。大学文化在增强大学的核心竞争力，促进社会发展方面发挥着重要作用。大学文化建设不得不考虑大学使命，它的建设离不开大学使命。概而言之，大学使命为大学文化的发展提出了要求，指明了方向，推进着大学文化建设不断向前发展。大学使命对大学文化建设的推动作用主要表现在以下五个方面。

1. 传承文化的使命对大学文化建设的推动。

传承文化的使命主要是通过教学过程来实现的。一所大学如果没有高质量的教学，这所大学传承文化的使命就会大打折扣，更谈不上培养全面发展的人才。因此，教学在大学的存在和发展中起着至关重要的作用。在教学中，既包含了大学文化中的行为文化，还包含了大学文化中的精神文化、环境文化和制度文化。传承文化的使命要求大

学必须要加强大学文化建设，促进学生的全面发展。

2. 创新文化的使命对大学文化建设的推动。

创新文化的使命主要是通过科研活动来实现的。科研活动是一种积极的探索行为，探索的目标是新的文化或成果。科研活动本身包含着大学的精神文化、环境文化、制度文化和行为文化。科研活动对大学文化建设提出了较高的要求，同时又为大学文化建设提供了许多新的文化内涵。即创新文化的大学使命一方面要求大学文化建设要不断为科研活动创造良好的环境和氛围，另一方面又为大学文化的发展注入了新的文化、新的活力。

3. 服务社会的使命对大学文化建设的推动。

大学已经从社会的边缘走向了社会的中心，大学服务社会的使命日益重要。大学服务社会的使命主要是通过创新文化、培养人才、将知识转化为现实生产力等途径实现的，服务社会的大学使命要求大学必须要加强大学文化建设。如果没有大学文化建设的发展，创新文化、培养人才、将知识转化为现实生产力这些目标都将很难实现，大学服务社会的使命也就得不到有效保障。

4. 引领社会文化发展对大学文化建设的推动。

引领社会文化发展是当代我国大学的重要使命，在推动社会健康发展、建设和谐社会方面发挥着重要作用。引领社会文化发展要求大学必须坚持其相对独立性，发挥其批判功能。引领社会文化发展作为大学的一项新使命，它为大学文化建设提供了新的方向，为大学文化建设注入了新的活力。

5. 弘扬中华民族的优秀文化对大学文化建设的推动。

中华民族是一个古老的民族，曾经拥有过灿烂的中华文明。我国要实现民族复兴，必须要弘扬中华民族的优秀文化。弘扬中华民族的优秀文化，并不意味着要排斥其他民族的优秀文化，而恰恰相反，弘扬中华民族文化必须要注意吸收和借鉴世界其他国家和民族的优秀文化。我国的大学文化建设必须要立足于我国的国情，注意吸收其他国家和大学的先进经验。坚持“古为今用，洋为中用”的原则，大力弘扬中华民族的优秀文化，为大学文化建设提供源源不断的动力，推动大学文化建设不断向前发展。

二、大学文化对大学使命的影响

大学文化是在大学人共同的努力下形成的，它为大学人的发展提供了一种环境和文化氛围，不同大学的大学文化具有不同的特色。大学文化在学生的教育和发展中起着极为重要的作用，能够使学生在潜移默化中受到教育，能够陶冶学生的情操；大学文化在学校的发展过程中也起着非常重要的作用，它是学校发展的核心和灵魂。由此可以看出，大学文化对大学使命的实现有着非常重要的影响，甚至可以这样说，大学使命的实现需要依靠大学文化来提供切实的保障。

1. 大学文化对传承文化的影响。

大学文化是社会文化的一部分，是一种个性与共性相统一的社会亚文化。大学文化是传承文化的重要组成部分，同时又为传承文化提供一种环境和氛围。大学文化建设的程度如何，会对传承文化的效果产生重要影响。大学文化建设只有坚持开放的原则，充分吸收和借鉴国内外一切先进文化和经验，形成具有本校特色的大学文化，这样才会更好地实现大学传承文化的使命。

2. 大学文化对创新文化的影响。

在大学里，科学研究是创新文化的主要形式。科学研究会受到大学精神、大学理念、大学环境等的影响，也会受到大学人，尤其是教师与学生思想观念、行为方式的影响。要想让教师和学生在良好的环境中进行科学研究，就必须加强大学文化建设，塑造有助于进行科学研究的大学精神和大学理念，形成科学、理性且鼓励创造的规章制度，积极引进优秀人才等。积极向上的大学文化建设为创新文化提供环境支持，同时又会对创新文化产生强大的推动力。

3. 大学文化对服务社会的影响。

在知识经济时代，社会的发展离不开大学，服务社会发展是当代大学的主要使命。大学文化通过文化育人、文化创新、将知识转化为现实生产力等形式服务社会，影响社会的发展。大学文化建设必须要考虑社会发展的趋势和需要，这样才能为社会发展作出更大的贡献。

4. 大学文化对引领社会文化发展的影响。

大学文化作为社会文化的重要组成部分，在引领社会文化发展方面发挥着日益重要的作用。社会文化中有优秀的文化，亦有落后、腐朽和愚昧的文化。许多时候，落后、腐朽、愚昧的文化会对社会发展产生极大的阻碍作用。大学文化具有批判功能，通过对社会文化中落后、腐朽、愚昧的文化进行批判，进而引领社会文化向着健康有序的方向发展。

5. 大学文化对弘扬中华民族优秀文化的影响。

大学文化建设离不开特色，我国大学文化建设的特色就是要弘扬中华民族的优秀文化。中华文化博大精深，它是在中华民族的长期发展过程中形成的。中华文化中有精华，亦有糟粕，大学作为追求真理的地方，大学文化要弘扬的是中华民族的优秀文化。我国的大学文化建设如果离开中华文化，大学文化建设就会成为“无源之水，无本之木”；中华民族的优秀文化要是得不到大学文化的青睐，它很可能会在世界文化的竞争中走向消亡，中华民族的复兴之路也就无从谈起。

第三节　大学使命的定位与践行

通过前两节的讨论，我们对于大学使命有了一个基本的了解，对于大学使命与大学文化的关系也有了较为深刻的认识。大学使命对于大学文化和大学发展如此重要，那么，该如何准确定位当代大学的使命呢？在定位的基础上，又如何去践行大学使命呢？

一、大学使命的定位

如何定位大学使命呢？结合前面的讨论，我们不妨从三个方面对大学使命进行定位。

1. 把追求真理作为大学的不懈追求。

大学的本质就是文化，追求真理是大学的主要目标。对知识的探讨和真理的探索应该是大学不懈的追求。有了这种不懈的目标追求，大学才能源源不断地创新文化，向着真理的方向迈进。当大学一旦把追求真理作为它的不懈追求，就会自觉地坚持大学的相对独立性和探索真理的超功利性，从而更好地促进人类、社会、学校和个人的共同发展。

2. 强调传承文化和创新文化双重使命的统一。

大学作为一个特殊的文化机构，传承文化和创新文化在其中占据着主要位置。传承文化主要是通过教学过程实现的，创新文化主要是通过科学研究实现的。人才培养和科学研究二者是相互影响、相互依赖、互为条件、互相促进的关系，是一种继承与发展的关系，二者的结合亦是大学活动内在规律提出的要求。因此，大学要成为培养高素质、高层次、创造型人才的基地，就必须要将二者有机地结合在一起。

3. 强调大学的社会责任。

早期大学对社会责任的承担，主要是统治阶级维护其自身统治的需要；今天，人们对大学社会责任的强调，则主要源于大学在新的时代作用的无限增大。新的时代最突出的特点就是知识不仅成为一种经济形态，而且成为一种权力形式，它不仅对财富权力、政治权力或行政权力的行使产生影响，并且在很大程度上决定了这些权力的行使效果。大学是知识传承、融合和创新的中心，这也就决定了大学具有间接干预社会生活的权力，具体体现为为社会进步担负起更多、更大的责任。虽然大学的这种使命是对于传统使命的继承，但时代已经赋予了它许多新的内涵。可以说，服务社会是大学的使命之一，但其中包含着大学应该承担的社会责任。这种大学使命的确定和强调，使得大学能够更加关注自身与社会的关系，发挥大学的批判功能，促进社会的健康发展。

二、在大学使命定位中需要注意的几个问题

在对大学使命定位的过程中，大学还需要注意一些问题，这些问题主要包括以下四个方面。

1. 大学使命的定位要能够体现出层次性。

不同类型的大学，其人才培养的目标和重点是不一样的。以教学型大学和研究型大学为例，教学型大学主要面向大众，从事的是大众

化的教育，承担的是大众化人才培养的责任；研究型大学主要承担精英教育的责任，为社会培养高级的研究型人才。根据不同的人才培养重点，大学要承担相应的社会责任和使命，在这种责任推动下的大学使命也就体现出相应的自身特点来。

从研究型的大学到教学型的大学，从大学的人文学科到技术型学科，其各自的特点不同，也就要求大学有不同的使命。因此，大学使命要突出这种不同和差异。这就要求大学使命的定位必须要根据大学自身的实际情况来完成，这样定位的大学使命才能体现出相应的层次性。如果一味要求大学整齐划一，大学发展的特色就不明显，大学的发展也就会受到严重的影响。

2. 大学使命的定位要立足自身优势。

从人的需要来讲，大学存在的理由就是为了满足人们日益增长的精神生活的需要，但人们的需要是多样的，每所大学都不可能面面俱到地统揽一切，满足一切需要，这就要求大学要根据自身的实际和优势，承担起自身能力所及的职能，履行好这些职能，以形成和充分发挥自己的特色与优势。即使其他方面有很多能做的事，如果不能形成特色，或经过努力不可能成为自身的特色或优势就应该慎重选择。大学应“有所为，有所不为”，“不为”是为了更好的“为”，只有这样才能集中力量办大事。每所大学要准确定位，从自身条件和社会需要出发，发挥优势，办出特色，应该防止盲目攀比和求全、求大。

3. 大学使命要注意突出人才培养这一核心目标。

大学最主要、最基本的职能就是培养人才，人才培养是大学的核心目标。大学教育要对学生发展负责，要帮助学生学好专业知识，帮助他们做好自己的人生规划，帮助他们提高自己的综合素质，帮助他们适应快速变化的社会，不论是教学型大学，还是研究型大学都应把培养人才作为中心工作，把培养社会发展所需人才作为核心使命。大学应牢固树立“以学生为本”的理念，在定位其使命时必须要突出人才培养这一核心目标，把提高人才培养质量放在所有工作的首位。

4. 大学使命的定位要体现开放性和时代性。

时代在不断变化和发展，而且变化和发展呈加速度的趋势。与之相适应，大学使命也必须不断发展，这就要求大学使命的定位要体现出开放性和时代性。随着经济全球化、政治多极化、文化多元化和高等教育国际化趋势的发展，这就为大学使命的定位提出了更高的要求。以培养人才为例，大学在当代必须培养具有全球意识、国际眼光和综合能力很强的国际化人才。培养这种人才需要大学有开放的眼光和胸怀，走开放办学之路。开放使得大学具有了充足的选择空间。大学使命的定位必须要突出时代性和开放性，这样才能保持大学在国际竞争中的优势。

三、大学使命的践行

大学使命的定位即使再科学，也必须变为学校的实际行动才能有效、有用。我们该如何实践大学使命呢?

1. 不断提高人才培养质量，把培养社会所需人才放在首位。

大学对社会承担的首要责任就是对学生的培养，离开了学生，大学就不成其为大学。大学的学科建设、教学、科研等都要对学生负责，把学生教育和发展放在首位。其次，大学应当通过坚持“教学与科研相统一”，将传承文化与创新文化融合在一起，使大学文化不断被注入新的活力，促进人才培养质量的提高。

努力培养学生的创新意识、创新思维和创新能力，使他们的个性得到全面、健康的发展，成为国家发展所需的“四有”新人，是大学义不容辞的责任。

2. 需要树立为社会服务的观念。

大学使命的实践需要服务社会，大学只有通过与社会的互动才能更好地了解社会，更好地为社会发展服务。当然，不同层次、不同地区的大学，它们服务社会的方式有所不同。但不管怎样不同，大学服务社会都要突出自身的特色，也只有在这种特色的推动下才能更好地服务社会。此外，服务社会并不是一味的迎合社会，服从社会，大学必须注重其批判功能的发挥，以促进社会的健康发展。

3. 履行大学使命，必须要处理好民族文化和世界文化的关系。

大学承担着传承、融合、创新文化的使命，要履行好这些使命，必须要处理好民族文化和世界文化的关系。世界著名大学，都对本民族的振兴和发展作出过贡献，民族的发展离不开大学。“先有哈佛，后有美利坚合众国”就是最好的例证。大学必须要弘扬民族文化，这样才能使本民族的文化在世界文化中占有一席之地，才能让世界更好地了解本民族。同时，必须坚持开放的原则，吸收和借鉴世界文化的优秀成分，发展本民族文化，使本民族文化不断焕发出新的生机和活力。总之，要履行大学使命，就必须处理好民族文化和世界文化的关系，二者缺一不可。

4. 大学使命的践行要与时俱进。

近年来，国内出现了部分专业大学生就业难的现象，这在一定程度上影响了人们对高等教育的认可度，给高等教育发展带来了不利影响。分析原因，我们发现，大学生就业难并不是因为学生数量过剩，除去经济、行业发展的不平衡因素外，还有大学生就业观念和自身能力问题。在中国传统文化中，占统治地位的是儒家学说，与之相适应的是我国的从业文化源远流长，而创业文化却很缺乏。培育创业文化是缓解大学生就业压力的需要，是深化大学体制改革的需要，更是社会发展的需要。培育创业文化，绝不仅仅只是增加一些企业家，它更多地表现为一种精神和文化。在这种精神和文化的影响下，人们的创业意识会不断增强，创业能力会不断提高。根据这种时代需要，大学在实践其使命时必须要注重创业文化的培育。

随着我国和谐社会理念的提出和发展，和谐大学的理念日益受到重视，有关和谐大学文化的探讨也日益增多。和谐大学文化是和谐大学的核心和灵魂，构建和谐大学文化，有助于大学核心竞争力的增强和可持续发展，有助于人才培养质量的全面提高。

第九章 和谐大学与和谐大学文化

党的十六届四中全会首次提出了“构建社会主义和谐社会”的执政理念。众所周知，构建社会主义和谐社会是一项系统工程，建设和谐大学是构建和谐社会的重要组成部分。近年来，从机构到制度，从教学到科研，我国的大学发展都出现了一些新的问题，这不仅使部分大学教育质量下滑，部分大学生不同程度的精神缺失，更使我国实现可持续发展缺乏有力的人才支撑。因此，为顺应时代潮流，建设和谐大学成为和谐社会发展的必然选择，同时有关建设和谐大学的研究也成为高教理论研究的一个热点话题。大学的发展离不开大学文化的建设和发展，建设和谐大学自然就要求建设和谐的大学文化。

第一节 和谐大学文化概述

大学作为人才培养和知识创新的基地，必须将构建和谐社会的战略目标落到实处，通过构建和谐大学文化来培养创新型人才，加速知识创新，引领社会和谐文化发展。深入研究和努力建设和谐大学文化，将会促进大学的和谐可持续发展，同时也会对社会的和谐可持续发展产生重要影响。

一、建设和谐大学文化的意义

建设和谐大学文化，不仅对于建设和谐大学、促进大学的改革和发展具有重要的意义，而且也会对构建和谐社会文化、促进社会主义和谐社会建设产生重要影响。建设和谐大学文化的作用和意义主要体现在以下四个方面。

1. 构建和谐大学文化是构建和谐大学的需要。大学有大学之魂，大学文化就是大学之魂。和谐大学文化是和谐大学之魂，是和谐大学的反映和主要特征，是和谐大学建设的根基。随着我国经济体制和政治体制改革的不断推进，大学的生存环境和发展条件已经发生了深刻变化，探索大学在新的形势下的办学规律和发展规律是大学必须面对的课题。

当前，大学受各种社会思潮的影响，各种思想相互激荡，先进文化与落后文化并存，主流意识形态和非主流意识形态相互交织。在这种情况下要建设和谐大学，必须以构建和谐大学文化为首要任务。没有和谐的大学文化，就有可能导致教师之间相互歧视，学科之间相互排斥，学生发展失衡，就难以形成师生共同的价值观念和思想道德基础，就很难协调行动以实现大学的理想和追求，建设和谐大学也就无从谈起；没有和谐的大学文化，和谐大学就会失魂，失魂的大学，其躯体再发达，也是徒有其名，离和谐大学的真义相去甚远。

2. 构建和谐大学文化是培养社会所需人才的需要。随着时代发展和社会进步，社会所需的人才日益从单一专业型人才向具有综合素质的厚基础人才转变。在建设和谐大学文化的过程中，要坚持把社会主义核心价值体系纳入大学人才培养的全过程，引导大学生正确认识和处理个人价值与社会价值、科学素质和人文素质的关系，引导学生培养健全的人格，树立正确的人生理想；同时，还要培养学生具备较高的道德水平、正确的价值准则、健康的审美意识、鲜明的个性特征和丰富的内在精神世界，实现大学生的全面发展。只有个体的和谐，才有集体的和谐。

3. 构建和谐大学文化是促进多元文化共同发展的需要。随着经济全球化、政治多极化和文化多元化时代的发展，国际文化交流日益频繁，人们的社会关系、行为方式、心理发展都发生了前所未有的改变，来自不同国家、不同文化背景的人们进行文化交流更加便捷，大学作为培养人才和文化创新的机构，多元文化并存和共同发展将成为一种常态，在多元文化的交流和碰撞中必然产生各种不和谐的现象，要使文化交流和融合变得更加和谐有效，需要构建和谐的大学文化。

4. 构建和谐大学文化是促进社会和谐文化发展的需要。对于21

世纪的大学，大学的职能主要有四个，即教书育人、科学研究、社会服务和文化引领，构建和谐大学文化是促进社会和谐文化发展的需要。大学拥有丰富的人才优势和资源优势，是思想意识集散中心和精神文明辐射的主要阵地，不仅创造、传播科学技术知识和人文知识，而且创新大学文化。通过建设和谐大学文化，可以为建设和谐社会文化提供理论引导和经验借鉴。

此外，大学文化作为先进文化的组成部分，和谐大学文化的建设和发展将对社会和谐文化的发展产生重要的引领作用。

二、和谐大学文化的内涵及特征

何谓和谐？“和”即和睦之意，含有政通人和、内和外顺和和衷共济等意思；“谐”即相合之意，强调协调、顺畅、力避冲突。和谐作为合成词，即为和睦协调的意思。和谐的哲学依据是“和而不同”的思想，即和谐的前提是承认“不同”，承认事物的多样性、差异性、矛盾性和竞争性。和谐是一个涉及人类各个活动领域的概念，可以从不同的角度进行理解。作为一种社会观念，和谐就是一种人类社会追求的美好价值观；作为表达主客体相互关系的概念，和谐就是人与人、人与自然之间关系的融洽；作为一种发展状态，和谐就是实现事物之间相互促进、相互协调的发展。

如前所述，大学文化是以大学为载体，通过历届师生的共同努力，为大学所积累的物质财富和精神财富的总和，可以分为大学精神文化、大学制度文化、大学环境文化和大学行为文化四个方面。所谓和谐大学文化就是指大学在长期办学的实践基础上，以和谐思想为发展内核，通过大学人的共同努力，为大学所积累的物质财富和精神财富的总和，包括和谐大学精神文化、和谐大学制度文化、和谐大学环境文化和和谐大学行为文化四个方面。

追求大学文化的和谐发展，包括追求大学文化各构成要素及相互间的和谐，也包括大学文化与社会文化之间的和谐。和谐大学文化特征主要有以下三个方面。

1. 大学文化与社会文化的和谐协调。随着大学从社会的边缘走向社会的中心，大学对社会的作用和影响日益扩大。大学除了传统的培养人才、学术研究、服务社会外，还承担着引领社会文化发展的职能。中国高等教育学会会长周远清在2007年高等教育国际论坛主题报告中说，大学对社会的文化建设有强烈的辐射功能和示范功能，如何发挥这种功能使大学成为文化建设的中心、文化建设的源泉是高等学校的责任。

大学建设和谐的大学文化，既可以充实和丰富社会和谐文化，又可以引领和推动社会和谐文化的发展。所以大学和谐文化必须体现出大学文化和社会文化的和谐协调。

2. 和而不同的价值取向。随着改革开放的推进，文化多元化和思想多元化在大学表现日益明显，大学必须坚持和而不同的价值取向，促进大学文化的和谐发展。和而不同的价值取向就是大学在面对各种社会思潮、观念的冲击时，始终要坚持社会主义核心价值观的主导地位，坚持社会主义办学方向和全面贯彻党的教育方针，促进大学生的全面发展；又要根据社会和时代发展的要求，提出符合本校实际特色的办学理念，以实现与社会共同发展的目标。

3. 和谐的人际关系。和睦相处的人际关系是大学实施“以人为本”理念的结果，也是大学行为文化和谐的集中体现。这种和谐的人际关系包括师生之间的和谐，教师与干部之间的和谐，教师之间的和谐，学生之间的和谐等。师生之间的和谐主要表现为学生尊重教师、信任教师、主动与教师进行交流和沟通，教师品德高尚、学识渊博、尊重学生、关心学生，师生关系融洽，学生进步较快；教师与干部之间的和谐主要表现为干部克服官本位意识，树立服务意识，为教师安心工作提供方便，教师尊重干部，克服学者优越的思想，相互尊重、相互理解；教师之间的和谐主要表现为不同专业之间的相互尊重与理解，相同专业内的互相支持与尊重；学生之间的和谐主要表现为不同习惯、爱好、兴趣、地域学生之间的互相包容，等等。

三、建设和谐大学文化应重点处理好的几个关系

建设和发展和谐大学文化是一项系统工程，它不仅对于构建和谐

大学具有极其重要的作用，而且对于和谐社会的构建也会产生重要而深远的影响，所以构建和谐大学文化必须引起每一位教育工作者的重视。在构建和谐大学文化时必须要处理好以下三个关系。

1. 依法办学与以德治校的关系。依法办学与以德治校相结合是和谐大学文化建设的制度保障和精神保障。依法办学的实质是民主治校，强调制度的重要性，强调外在的规范和控制方式，强调公正、公开、公平、民主的法治精神，主要是指大学作为管理和服务主体，通过规章制度对教师和学生的权利和义务关系进行协调。以德治校是依法办学的现实基础，又是依法办学的重要补充。以德治校强调大学思想道德体系的重要性，主要是指大学要重视文化建设，努力形成遵章守纪、勤奋读书、爱岗敬业、教书育人的浓厚氛围，有力保障大学目标的实现。依法办学和以德治校有机结合，共同促进大学和谐文化的建设和发展。

2. “硬环境”与“软环境”建设的关系。和谐大学环境文化是和谐大学文化的重要组成部分，是和谐大学文化存在和发展的物质基础。在和谐大学环境文化的建设过程中，要处理好“硬环境”与“软环境”建设的关系。“硬环境”包括基础设施文化和环境布局文化两部分，是和谐大学环境文化的外在标志；“软环境”是“硬环境”的灵魂，指的是一种精神氛围，它是无形的，看不见摸不着的，但是，它所营造出来的浓厚的学术氛围和积极向上的群体氛围，对于师生的工作、学习和生活产生着重要影响。在建设和发展和谐大学环境文化建设的时候，要处理好“硬环境”和“软环境”建设的关系，实现二者的有机统一，使师生处于这样的环境氛围中对他们产生潜移默化的熏陶和影响。

3. “共性”与“个性”的关系。建设和谐大学文化，必须坚持“和而不同”的原则，促进大学文化“共性”与“个性”的有机统一。和谐大学“共性”文化是指作为和谐大学文化所具有的共同特征，它是和谐大学文化区别于其他文化的特征。和谐大学“个性”文化是指一所大学和谐文化区别于其他大学和谐文化的个体文化特征，它集中反映了一所大学的特色和优势。建设和谐大学文化，应注意把和谐大学文化的共性和个性结合起来，在“共性”的基础上突出“个性”，力争做到人无我有，人有我强，人强我新。

第二节　和谐大学建设

构建社会主义和谐社会，就是在科学发展观的指导下，推动社会建设与经济建设、政治建设、文化建设的协调发展。社会主义和谐社会的基本内涵包括：民主法制、公平正义、诚信友爱、充满活力、安定有序、人与自然和谐相处。构建社会主义和谐社会是一项系统工程，构建和谐大学是构建和谐社会的重要组成部分。和谐大学建设，如同和谐社会构建一样，是一个多方面、长时间的建设过程。

一、和谐大学的科学内涵与特征

和谐大学，是指大学与社会之间、大学之间、大学内部各要素之间以及各要素内部处于一种相互依存、相互协调、相互促进的状态，主要有以下几层含义：大学与社会之间的和谐；大学之间的和谐；大学内部各要素之间的和谐；大学各要素内部的和谐；大学发展过程的动态和谐等。

按照和谐社会的内在要求，结合大学的特点和发展趋势，和谐大学具有以下四个特征。

1. 和谐大学应是人际关系和谐、充满活力的大学。和谐大学在建设和发展过程中要始终做到“以人为本”，就是要突出人的发展，让每个人都能得到尊重和激励，使大学时时处处充满生机和活力。

大学人际关系的和谐是最基本的和谐，主要包括部门之间、干群之间、教师之间、学生之间、师生之间的和谐。其中，师生关系的和谐是最主要的人际和谐关系，它是提高人才培养质量的关键，所以大学一方面要注重师资队伍建设，教师的素质上去了，积极性和创造性发挥出来了，才有助于学生的成人成才；另一方面要加强学生的人文素质教育和培养，让学生学会理解、尊重教师，促进学生与教师的主动交流，从而实现教师与学生的和谐相处，促进他们的共同提高和发展。

2. 和谐大学应是依法治校和以德治校的有机结合。新世纪，我国大学在发展过程中有许多问题和矛盾有待解决，只有坚持依法治校和以德治校的有机结合，才能促进和谐大学的建设和发展。

和谐大学的发展需要大学人的共同努力，既包括行政干部、教师的努力，也包括历届学生们的努力。如何使他们各得其所，各尽其能，就难免牵涉到利益分配和协调问题。这就需要大学领导者在和谐大学建设过程中注重制度建设，体现公平和正义，做到依法治校。道德约束不是万能的，但构建和谐大学离开道德的约束是万万不能的。以德治校是依法治校的基础和有益补充。坚持以德治校就是要承认道德在和谐大学建设中的重要作用，加强大学人的德育工作，提高大学人的思想政治和道德素质，增强他们的大局意识和集体观念，发挥奉献精神，构建安定有序而又充满活力的和谐大学。

只有依法治校和以德治校有机结合，才能妥善解决在发展过程中出现的各种问题和矛盾，促进和谐大学的建设和发展。

3. 和谐大学应是与时俱进，与和谐社会协调发展的大学。大学是社会发展到一定阶段的产物，大学与社会的关系主要表现为：社会的政治、经济、文化、科技发展为大学发展提供物质基础和技术保障，同时又对大学的发展提出新的要求；大学通过为社会培养人才、创新文化、服务社会、引领社会等职能推动社会向前发展。

随着和谐社会建设步伐的加快，社会会为和谐大学的建设和发展提供更为丰富的物质基础和技术保障，同时对大学回报社会的要求也会更多；随着和谐大学建设的不断推进，和谐大学又会为和谐社会的发展培养出所需的各类人才，并通过科技、文化创新等形式，引领社会的发展。总之，和谐大学必须与时俱进，与社会协调发展才能实现其自身价值，促进自身和社会的协调可持续发展。

4. 和谐大学应是环境优美，有利于学生获得全面发展的大学。优美和谐的大学环境是和谐大学的重要体现，它是大学“硬件”与“软件”的有机结合，是办学理念、办学层次、办学模式的协调统一，是大学内部各种力量和人际关系的和谐共处。优美、生态化的大学环境，再加上具有文化含量的人文景观，可以使大学人心情舒展、心境祥和、精神愉悦，能激发大学人的潜能，提升大学人的工作效率，是一种“随风潜入夜，润物细无声”的无声教育。学生在这样的环境中学习，有利于获得全面发展；教师在这样的环境中工作，才能有为师的自豪感和创新的激情。

二、和谐大学的职能

随着和谐社会建设的逐步推进，和谐大学的职责和功能也日益体现了出来，概括起来，和谐大学主要有以下四个职能。

1. 和谐大学为和谐社会建设培养所需的人才。大学是培养人才的主要场所，大学负有重要的人才培养责任。构建和谐社会对大学的人才培养质量提出了更高标准的要求，大学所培养的人才不但需要具有较为扎实和专门化的科学知识及相应的实践能力，而且还需具有良好的思想道德素质和积极主动的创新意识与创新能力。和谐大学为满足和谐社会对人才的要求，就需要培养和谐社会所需各类的人才。

和谐大学一方面要把以学生为本和通识教育的理念贯穿于整个教育过程，强调培养学生的独立思考能力和批判性思维，强调知识、能力、素质和情感的和谐发展，强调学生全面发展和个性发展的统一；另一方面要坚持育人为本，德育为先的原则，把以社会主义核心价值为重点的思想道德教育融入大学育人的各个方面，通过进一步加强和改进学生的思想政治教育，加强党团组织建设等措施提高大学生的综合素质。

2. 和谐大学在和谐社会建设中承担着服务社会的责任。我国的大学从诞生之日起，就有着浓厚的改良社会、救国救民的意识。和谐大学不仅是国家发展的思想库，而且还是科技发展的发动机、产业发展的孵化器，在和谐社会建设和发展中发挥着极其重要的作用。

和谐大学为和谐社会提供的直接服务主要体现在以科技服务促进产业结构升级，特别是通过产学研相结合的创新体系，加快科技成果转化为现实的生产力。大学的社会服务功能有着多种运作方式，如创办大学科技园区，提供各类咨询、规划、评估、设计中介服务，与企业或政府联合设立研究机构、办学单位和教育科技基金等，这些运行模式为社会的进步和发展作出了很大的贡献。

3. 和谐大学在和谐社会建设中承担着进行科学研究、创新文化的责任。大学不仅是传播文化和应用知识的场所，而且也是进行科学研究、创新文化、培养创新人才的场所。构建和谐社会，必须充分调动一切积极因素，发挥各方面的创新活力，推动社会经济、政治、文化等的全面发展。

和谐大学在和谐社会建设中承担着知识创新、技术创新和培养创新人才的重任，具有其他社会组织机构不可替代的作用；同时从和谐大学里传播出来的科学文化精神和创新精神，会渗透到社会的每一个角落，在很大程度上对一个国家的创新能力起着推动作用。

4. 和谐大学在和谐社会建设中起着引领文化发展的作用。长期以来，大学培养人才、发展知识和服务社会的三大职能已经得到了社会的广泛认可，随着社会的发展，大学引领社会文化发展的职能也逐渐被社会认可。在构建社会主义和谐社会的过程中，引领社会文化发展的职能主要表现为引领社会主义和谐文化发展的职能。

和谐大学引领社会文化发展的功能主要体现在弘扬优秀传统文化、借鉴外来先进文化和引领时代新型文化等方面。和谐大学在科学研究和理性批判中，不断审视传统文化、借鉴外来文化，成为培育和创新文化的中心，通过文化辐射和培养人才等方式引领社会主义和谐文化不断向前发展。

三、和谐大学建设应重点处理好的几个关系

建设和谐大学是建设和谐社会对大学的要求，和谐大学建设是和谐社会建设的重要组成部分，对和谐社会的发展起着提供人才、服务社会、创新文化和引领社会文化发展等作用。和谐大学的建设同和谐社会的建设一样，亦是一个系统工程，在和谐大学建设过程中应重点处理好以下六个关系。

1. 和谐大学建设与和谐社会建设之间的关系。

中外大学发展史都表明，大学的发展轨迹不仅与人类社会的发展趋

向相一致，而且是其中重要的一部分。随着知识型社会的到来，大学对于社会快速、和谐、可持续发展的作用日益突出。和谐大学建设要适应和谐社会建设的需要，不断进行改革和发展，调整专业结构，为和谐社会经济、政治、文化等领域的发展提供和谐人才；同时要利用自身的人才优势和资源优势，进行科学研究和文化创新，引领社会的发展。

随着我国政治、经济体制改革的深入，高等教育的改革也在不断推进，原先政府与大学之间的单一关系，已经转变为政府、市场与大学三者之间既相互联系又相互制约的关系。和谐大学的建设必然伴随着大学自身的改革，同时还要面对社会政治、经济的改革，和谐大学的使命决定了它不但要为经济转型期的社会发展服务，而且还要发挥其批判功能，促进和谐社会健康可持续发展。

2. 大学与大学之间的关系。

我国的高等教育系统是一个由不同类别、不同层次的大学构成的复杂系统，系统内部大学与大学之间的关系，不但影响着高等教育系统整体功能的发挥，而且也影响着每所大学自身的发展。和谐大学的建设，必须坚持“和而不同”的原则，使每所大学都明确自己的定位，根据社会发展的需要突出自己的办学特色，同时加强大学之间的合作与交流，使大学之间形成结构优化、功能互补、良性竞争与合作的状态，从而促进每所大学都获得发展机会，并实现大学整体功能的有效发挥。

3. 规模与质量之间的关系。

规模与质量之间的矛盾是和谐大学建设过程中普遍存在的问题。规模与质量是一组矛盾，要想建设和谐大学必须正确处理好二者之间的关系。要处理好规模与质量之间的关系，就必须立足于国情、省情和校情，确立科学的办学理念、准确的办学定位、合理的发展规划，保持适度的发展规模，优化人才学科结构，提高人才培养质量。只有这样，和谐大学的规模与质量、结构与效益才能得到协调统一，从而促进和谐大学更好的发展。

4. 行政管理与教学、科研之间的关系。

教学、科研是大学的中心工作，行政管理是搞好教学科研的重要保证。构建和谐大学，必须处理好行政管理和教学、科研之间的关系。正确处理二者之间的关系，大学必须树立“以人为本”的理念，实施人本管理。行政管理工作是为教学、科研工作服务的，一切行政事务都要围绕教学、科研工作开展；行政管理工作要尊重广大师生的主体地位，学校的重大决策都要听取师生的意见和建议；行政管理人员要树立服务意识，在工作中尊重人、理解人和关心人，要让师生的积极性和主动性得到充分发挥。

总之，教学、科研是学校的中心工作，行政管理工作要围绕教学、科研工作进行，行政管理工作要树立服务意识，促进和谐大学的建设。

5. “硬环境”建设与“软环境”建设的关系。

大学的“硬环境”建设主要是指大学的基础设施建设，包括教学设施建设、实验设备建设、体育场馆建设等，它为大学人工作和学习提供良好的物质基础和技术保障；“软环境”建设主要是指大学文化建设，包括大学理念、大学精神、大学制度文化等，它有助于营造良好的育人氛围，在潜移默化中对大学人产生影响。大学“软环境”建设反映着大学的特色，是和谐大学建设的灵魂。构建和谐大学，必须处理好“硬环境”建设和“软环境”建设二者之间的关系。

6. 科学研究与人才培养之间的关系。

科学研究和人才培养是大学最为重要的两项职能，二者既有一致的地方，亦有不同的地方。人才培养是学校的根本任务，是和谐大学的立校之基；科学研究主要是发展和创新知识，是和谐大学的强校之路。二者的关系处理得当，科学研究紧紧围绕人才培养，它不但是培养高层次人才的重要途径，而且还为教学提供了前沿的研究成果；二者的关系处理得不好，科学研究脱离人才培养，教师只重科研不重教学，导致人才培养质量下降，最终会影响和谐大学的建设。要想建设和谐大学，必须处理好科学研究和人才培养二者之间的关系。

四、和谐大学建设的现状

近年来，我国大学建设从规模到质量，从公平到效益，从内涵到模式，都取得了有目共睹的成就，但与此同时，积累的矛盾和问题也日益突出，对和谐大学的建设提出了新的要求。和谐大学建设存在的问题主要表现在以下七个方面。

1. 大学发展与社会发展存在不和谐。

为社会培养人才、创新文化、服务社会和引领社会文化发展是大学的主要职能，但是由于大学改革在某些环节上未能跟上社会发展的步伐，导致大学发展与社会发展存在着一定的不和谐，主要表现就是大学生在劳动力市场上存在“结构性失业”，即一部分用人单位找不到合适的大学生来工作，一部分大学生努力找工作却难以如愿。要构建和谐大学，就必须要深化大学改革，根据社会发展及时调整专业结构，同时还要预测社会发展，提前开设一些社会将来亟须的专业，只有这样，大学培养出来的人才才能人尽其才，而不是学非所用，甚至找不到工作。

2. 行政权力与学术权力关系不和谐。

新中国成立后，我国大学的管理体制引用和借鉴了前苏联大学的管理模式，这种管理模式行政化管理体系明显，但却与大学所追求的“学术自由、教授治校”等理念很不和谐。行政化的制度体系一方面促使大学趋同现象严重，大学特色不明显，严重影响了大学的特色发展；另一方面由于不同的价值主体在价值观、思想意识和行为等方面存在着明显的差异，他们对大学的发展往往有不同的期望，导致专业人员往往以争当行政领导为荣，严重影响了教学、科研的发展。如何处理好行政权力与学术权力二者之间的不和谐，促使大学和谐发展是目前高等教育研究不得不深入思考的一个问题。

3. 大学使命与大学发展现实存在不和谐。

大学作为相对独立的学术和教育机构，它的使命要求它既要为社会发展服务，促进社会发展，又要以追求真理的态度和理性的批判精神来审视社会发展，实现作为社会良心、道德灯塔、文明策源地的价值和意义，因此大学不能对包括市场在内的社会采取随波逐流的态度。然而我国的部分大学却时常从社会发展的需要出发随意调整教育目的和办学指导思想，有些大学的招生、教学、科研一味盯着计划、想着进款，而对教学质量和科学研究质量重视不够，导致专业重复设置严重，教育资源浪费严重，科研效率低下，教学质量下滑。这种大学发展现实是不利于增强大学的核心竞争力的，是不利于学校有特色可持续发展的，所以，立足国情、校情，重新审视大学的使命和发展对于大学来说显得尤其重要。

4. 教师与学生关系存在不和谐。

随着社会的发展，高校内教师与学生之间关系的不和谐现象有所增加。大学教师的主要职责是“教书育人”和进行“科学研究”，“科学研究”的目的也是为了更好的“教书育人”，但是在大学发展中却出现了本末倒置的现象，导致教师与学生关系不和谐。客观上，学生宿舍的社会化、教师住宅的小区化等，在师生之间筑起了一道难以逾越的高墙，致使师生间沟通不畅；主观上，教师的压力和功利性促使他们将过多的时间投入到科研中，教师教书育人的时间和精力不能得到保证，这就导致教师与学生之间的关系逐渐淡化，甚至出现一些冲突，如果这种状况得不到改观，将会对构建和谐大学产生极为不利的影响。

5. “硬环境”建设和“软环境”建设存在不和谐。

随着高等教育大众化的发展，大学规模不断扩大，大学“合并”潮的兴起、“大学城”的建设、部分大学新校区的建设以及越来越多的大学后勤社会化，传统的大学概念已经发生了深刻变化。大学已不再是一个单一的整体，大学中拜金主义、个人主义、实用主义现象有所增加，大学之间缺乏个性、特色和差异，这种状况说明大学“软环境”建设，即大学文化建设存在许多问题。如前文所述，和谐大学建设必须处理好“硬环境”建设和“软环境”建设二者之间的关系，但现实状况让人不得不产生对大学文化建设的担忧。

6. 科学教育与人文教育失衡。

科学技术和经济的迅猛发展为人类带来了巨大的物质文明成果，

同时人类也承受着环境破坏、资源枯竭、人际关系冷漠等恶果，在这种情况下，全面发展的创新人才成为社会可持续发展的迫切需要。

大学发展史表明，对于全面发展的创新人才的培养来说，科学文化和人文文化同等重要。但是在“科技至上”的科学主义思潮的影响下，大学教育长期存在着重科技轻人文的趋向，这种趋向导致教师在教学过程中偏重“教书”，而忽视“育人”。今天，越来越多的学生不是为求学而来，而是多以求职为目的。面对经济发展的需要和人才市场的需求，大学也越来越热衷于培养供他人使用的“器具”或能修修补补的“匠人”，而忽视了学生的全面发展。

爱因斯坦曾经极力主张，“学校的目标始终应当是：青年人在离开学校时，是作为一个和谐的人，而不是作为一个专家”。[①] 促进科学教育与人文教育的融合是培养全面发展的创新人才的需要，更是建设和谐大学的需要。

7. 大学师资队伍建设有待加强。

大学教师作为知识的传承者、创新文化的研究者、高深学问的代言人，是大学教育的中坚力量。梅贻琦先生曾经说过，“所谓大学者，非谓有大楼之谓也，有大师之谓也”。大学之所以为大学，大师是关键。

与过去相比，我国大学的硬件设施明显改善，大楼的数量大大增加，但具有公认权威的大师却并没有同比增加；教师的学历、职称在逐年快速提升，教师的整体质量却呈现出下滑趋势。教师越多质量越加无法保证的现象仍然存在。师资质量下滑，当前主要表现在有些教师职业水准下降，学术造假和泡沫化；有些教师急功近利，心情浮躁，急于求成；学术氛围淡化。其直接导致的是教育水平和学术水平的下降。

加强大学师资队伍建设，是大学生存和发展的需要，更是和谐大学建设必须给予高度关注的重要方面。

实现大学和谐发展的过程，是不断深化大学改革的过程。大学的

---

① 许良英等：《爱因斯坦文集》（第三卷），商务印书馆 1979 年版。

和谐发展不是无矛盾、无差别，重要的是要有化解矛盾、解决矛盾的制度和方法，用“和”的方法解决和谐大学发展过程中遇到的各种矛盾和问题。和谐大学文化作为和谐大学的灵魂，建设和发展和谐大学文化是解决和谐大学发展过程中矛盾和问题的重要方法和根本途径。

第三节　推动和谐大学文化发展，构建和谐大学

大学在和谐社会建设中承担着重大的社会责任，要为和谐社会建设提供理论支持、文化支持和人才支持等，所以构建和谐大学是和谐社会发展的必然要求。在和谐大学的建设过程中，和谐大学文化的建设和发展至关重要，它对于增强和谐大学的核心竞争力和实现和谐大学的可持续发展有着重要而深远的影响。如果没有和谐大学文化的建设和发展，和谐大学的构建将成为一纸空谈。

推动和谐大学文化的建设和发展，构建和谐大学已成为社会和大学发展的必然诉求。基于构建和谐大学的需要和我国大学的发展现状，对如何推动和谐大学文化建设和发展，每一个有责任的教育工作者都应当深入思考。

1. 创新大学精神文化，促进和谐大学精神文化发展。

国家的发展不能忽视精神文化，同样和谐大学的发展也要依靠大学精神文化。大学精神文化是大学文化的核心要素，构建和谐大学文化首先就要大力加强大学精神文化建设。

大学精神文化是大学在教学、科研和管理中逐渐形成的组织意识和文化观念，是大学人的理想、信念、价值目标和观念体系的总和。大学精神文化的内容主要包括大学的办学指导思想和办学理念；以校风、学风、教风、标语口号等形式表现出来的大学人的精神风貌；以校徽、校歌、校旗等标志性符号表征出来的独具特色的大学精神传统。

在大学精神文化的建设过程中，要体现继承与创新、共性与个性、理想与现实的统一。我国的大学文化建设必须要以马克思列宁主义、毛泽东思想、邓小平理论、“三个代表”重要思想和科学发展观

为指导，立足国情、校情，积极从传统大学文化和外来大学文化中汲取营养，创新大学精神文化，促进和谐大学精神文化的建设和发展。

2. 创新大学制度文化，促进和谐大学制度文化发展。

西方大学制度的演进规律和我国大学制度现代化探索的曲折历史表明，我们无法将看似先进的制度直接照搬过来为我所用。大学制度建设如同生物体的发展一样，其各个制度安排是一个有机整体并与所依赖的条件紧密结合在一起，而这些条件更是无法直接引进的。

当前，我国大学制度文化中行政色彩比较浓厚，在一定程度上制约了大学的办学活力，不利于和谐大学的建设。

大学制度文化是在大学这个特定的组织环境内，大学的管理者制定各种制度的理性原则、价值取向、道德标准、利益观念等一系列观念体系，以及由此而产生的制度体系及所有大学人对制度的理解与态度等。大学制度文化的内容主要包括国家有关高等教育的法律、法规和政策；地方教育法规；学校内部的各项规章制度；观念体系等。

实践证明，科学化、规范化、合理化的规章制度有利于和谐高校的发展。和谐大学制度文化是和谐大学文化在制度、机制上的体现，是大学进行办学、管理的基本保证。因此，和谐大学制度文化建设要按照现代教育理念和管理理念的要求，对现有各种管理制度进行梳理，以创新的精神建立和完善各种制度，同时听取全体大学人的合理建议，让所有的制度“活起来”，从而使实施中的大学制度真正对大学人起到规范行为、鼓励创新的作用，促进和谐大学的建设。

3. 创新大学行为文化，促进和谐大学行为文化发展。

行为文化是大学和谐文化的主体，是指大学人在教学科研、学术交流、服务、管理、生活、学习等具有文化意义的实践活动中体现和创造的文化。大学人参与大学组织开展的文体、社团、科技等活动是行为文化的直接体现，和谐行为文化主要包括和谐的个人行为文化与和谐的团体行为文化。只有发展和谐的大学行为文化，才能使大学的和谐精神在实践中得到践行和弘扬。

和谐的个人行为文化主要表现为个人的行为要符合道德规范，自觉践行大学精神，形成平等、友爱、团结、互助的新型人际关系。要想构建和谐的大学个人行为文化，就要对大学人进行思想政治教育，同时采取激励措施，使个人的行为与人际关系更加符合社会的道德规范和大学的发展需要。

和谐的团体行为文化主要是指大学各团体在交往活动中所体现出来的文化和谐。要想形成和谐的团体行为文化，就要注重对各团体进行大学利益共同体的教育，培养良好的团队精神，增强团体之间的凝聚力。

4. 创新大学环境文化，促进和谐大学环境文化发展。

和谐环境文化既是和谐大学文化的物化形态和重要体现，又是和谐大学文化发展的物质基础和条件。大学环境文化的内容主要包括大学的地理环境、大学的规划与布局、建筑设施、自然景观等硬环境文化和学习环境、人际关系、学术氛围、文化艺术等软环境文化。和谐的环境文化所蕴涵的特色鲜明、内涵深刻的浓郁文化氛围，不但对大学人具有精神和文化的熏陶作用，而且还诠释了大学的文化内涵和品位，可以增强大学的凝聚力。

构建和谐的大学环境文化，要注意处理好硬件建设和软件建设之间的关系。一方面，要用软科学指导硬环境建设，即通过科学设计和形象策划来美化大学的学习场所、自然景观和人文景观等，使之达到审美、教育和陶冶等功能的和谐统一；另一方面，要用硬措施来抓软环境建设，营造自由和谐的软环境，调动大学人的积极性和主动性。两方面有机结合，共同促进和谐大学环境文化的建设和发展。

和谐大学文化的建设是一个长期的系统工程，是不可能一蹴而就的。和谐大学建设的目标是“和而不同”，“和”是共性，“不同”是个性，“和而不同”是共性与个性的统一。和谐大学文化的建设和发展对于和谐大学的构建起着极其重要而深远的推动作用，同时对推动和谐社会的发展也起着培养人才、知识创新、服务社会和引领社会文化发展等重要作用。

无论什么样的大学，都应该有综合性。有一位老前辈说得好：没有一流的文科，就没有一流的理科；没有一流的理科，也就没有一流的工科。这就是说，我们培养的人，应该是全面的、具有综合素质的人。

——温家宝

第十章　大学素质教育与大学文化

随着我国市场经济的发展和逐步完善，社会对大学生的素质要求越来越高，实施素质教育已经成为社会发展的必然。爱因斯坦曾经说过，大学里出来的人，应该是一个全面发展的人，而不仅仅是某一个方面的专门人才。2008 年，胡锦涛总书记在北京大学师生代表座谈会上勉励大学生："要在提高综合素质上狠下功夫，既要努力学习科学文化知识，又要积极陶冶文明素养，既要努力增加知识积累，又要积极加强品德修养，既要努力锻炼强健体魄，又要积极培养良好心理素质，真正实现自身的全面发展。"温家宝总理在同济大学百年校庆上说，"无论什么样的大学，都应该有综合性。有一位老前辈说得好：没有一流的文科，就没有一流的理科；没有一流的理科，也就没有一流的工科。这就是说，我们培养的人，应该是全面的、具有综合素质的人。"实施素质教育，促进大学生的全面发展，提高大学生的综合素质，离不开大学文化建设。大学文化建设对素质教育有着深远的影响，实施素质教育有助于大学文化建设的丰富和完善。

第一节　大学素质教育概述

20 世纪 90 年代初，"素质教育"一词就曾被多次写进党和国家的政策文件中，理论界也掀起了有关"素质教育"的讨论，教育部也成立了全国大学生文化素质教育指导小组，统一协调全国大学生文化素质教育工作。实施素质教育是我国迎接 21 世纪的挑战，提高国民素质，培养跨世纪人才的重要举措。"全面推进素质教育"，是党的"十六大"报告提出的"全面建设小康社会"奋斗目标和共同理想的题中应有之义，随着中小学素质教育的有序实施，在大学实施素质教育也日益受到学者们的重视。那么，什么是大学素质教育，大学素质教育的特征有哪些，大学素质教育的现状如何等引起了我们的思考。

一、大学素质教育的内涵

要了解什么是“大学素质教育”，就得首先了解什么是“素质”。素质的含义有广义和狭义之分。广义的素质是指教育学意义上的素质，即素质是指人在先天生理的基础上在后天通过环境影响和教育训练所获得的内在的、相对稳定的、长期发挥作用的心理特征及其基本品质结构，通常又称为素养；[①] 狭义的素质是生理学和心理学意义上的素质概念，即“遗传素质”，《辞海》中是这样解释的：素质是指人或事物在某些方面的本来特点和原有基础，在心理学上，指人的先天解剖生理特点，主要是感觉器官和神经系统方面的特点，是人的生理特点和生理条件，但不能决定人的心理内容和发展水平。[②] 我们通常说的素质教育中的“素质”，指的是广义上的“素质”，即教育学意义上的素质。素质教育与全面发展教育从根本上是一致的，目的都是为了促进学生的全面发展，提高大学生的综合素质。国家教育主管部门近年来先后出台过一系列指导学校推进素质教育的文件，对素质教育作了较为明确的解释，即素质教育是以提高民族素质为宗旨的教育，它是依据《教育法》规定的国家教育方针，着眼于受教育者及社会长远发展的要求，以面向全体学生、全面提高学生的基本素质为根本宗旨，以注重培养受教育者的态度、能力、促进他们在德智体等方面生动、活泼、主动地发展为基本特征的教育。

根据对中小学“素质教育”的理解，我们可以对“大学素质教育”进行初步界定。“大学素质教育”就是要促进大学生的全面发展，培养大学生的综合素质，即身体素质、心理素质、思想道德素质、科学文化素质等。其中，思想道德素质包括基本品德、基本思想觉悟和政治态度；科学文化素质包括科学文化知识、运用知识的能力、治学

---

① 赵洪海：《面向21世纪中小学素质教育论纲》，山东教育出版社1996年版。

② 《辞海》，上海辞书出版社1989年版。

态度和方法等。

大学素质教育是针对高校中过分注重专业教育而忽视素质提升提出来的，目的是为了促进大学生的全面发展和综合素质的提高。在大学生的综合素质中，思想道德素质居于首位，科学文化素质居于基础地位，它们对于其他素质的形成和提高将会产生深远的影响。

大学素质教育是面向全体学生，促进每一位学生全面发展的教育。要实施大学素质教育，就要坚持全面发展的教育理念，实施科学与人文并重的教育，使学生的科学精神与人文素养都得到全面发展与和谐发展。

素质教育并非仅仅是一种具体的教育模式，而且是一种关系到人才培养目标和社会未来发展的教育思想。素质教育应该贯穿于大学文化建设的全过程，这样将不但有助于素质教育的实施，而且有助于大学文化的建设和发展。大学素质教育包括文化素质教育、思想道德教育、身心素质教育、科学素质教育等，它们是相互促进、相互渗透的关系。

二、大学素质教育的特征

20 世纪 90 年代中期，我国高等教育提出了以提高思想道德素质为根本，以提高文化素质教育为基础，全面提高人才整体素质的一种新型人才培养观念。为推进大学生文化素质教育，许多大学把“科学教育与人文教育相融合”作为办学的指导思想之一，加强了大学素质教育的实践和研究。① 概括起来，大学素质教育的特征主要有以下几点。

1. 专业教育在实施素质教育的过程中占有非常重要的位置。

现在许多人一提起素质教育，就与专业教育对立起来，殊不知，专业教育在实施素质教育的过程中占有非常重要的地位。专业教育是大学教育的主要形式，是提高大学生综合素质的有效途径，是大学教育的内在规定性之一，实施大学教育就得实施专业教育。

---

① 杨路：《大学文化建设凸显素质教育》，载《辽宁教育研究》2005 年第 1 期。

大学进行素质教育的初衷是为了规避过窄的专业教育带来的种种弊端，素质教育与专业教育本身并不存在对立，它与专业教育在一定意义上是相通的。大学素质教育的实施必然要展开在大学的专业教育当中，拓宽和不断修订专业教育的培养目标，改革人才培养模式，在实施专业教育时要注重学科知识教育，同时要介入人格培养与技能创新的内蕴。只有这样，素质教育才可以真正落到实处。

近些年来，随着高等教育改革的深入，许多高校通过各种途径对专业教育进行改革，实施素质教育已经取得了明显成效。

实施素质教育，离不开专业教育，专业教育是实施素质教育的基本手段。

2. 素质教育是人文教育与创新教育的结合。

人文教育是大学对大学生进行人文知识和能力提高的教育，目的是增强大学生的责任感、使命感，让大学生形成良好的思想品德，从而为社会服务。简言之，人文教育就是教育学生怎样做人的教育。怎样做人是大学生的基础素质，对他们其他素质的形成与发展起着很大的影响，对大学生个体的世界观、价值观与人生观的形成具有重要的影响。因此，加强人文教育，提高人文素养是大学生素质教育的首要任务，也是素质教育的基础性特点。

随着知识经济时代的到来，社会对创新提出了更高的要求，创新已成为知识经济时代的显著特征之一。创新是社会发展的不竭动力，以知识的传承和创新为宗旨的大学教育，通过创新教育培养创新人才是其在未来社会立足的基础。综合素质高的人才既要有独立的人格，又要有比较突出的创新意识、创新精神和创新能力。

人文教育是素质教育的基础，创新教育是素质教育的核心。大学要实施素质教育，就要将人文教育和创新教育有机地结合起来。

3. 实施素质教育要“多管齐下”，以促进大学生综合素质的全面提高。

素质教育是利用遗传与环境的积极影响，调动学生学习的积极性和主动性，促进学生德、智、体、美等方面全面协调发展的教育。大学生素质的提高是一个长期而复杂的过程，必须通过多种途径和方法使态度、知识和技能等得以内化来养成。这些途径主要有专业教育、高品位的大学文化的熏陶、各种实践活动以及个体的反思等。

大学文化所营造的氛围和环境是大学生生活和学习的主要场所，是一种无形的教育力量，能通过潜移默化的形式熏陶大学生的灵魂，震撼他们的思想，陶冶他们的情操，提升他们的精神，从而使大学生具备良好的综合素质。

大学实践活动是大学生实践能力形成的前提，有助于提高大学生的动手能力和社会适应能力，同时它又会对大学生的学习产生重要影响，多组织、组织好大学实践活动是实施素质教育的要求，有助于大学生综合素质的培养和提高。

反思是一个人走向成熟的标志之一，学会反思，以促进大学生自己更好地发展是大学实施素质教育的必然要求。大学生要在学习和实践活动中不断进行反思，在了解自己的基础上不断提出新的发展目标，运用最有效、最适合自己的方法去发展自己。

因此，在大学实施素质教育，就要“多管齐下”，发挥好大学文化在育人方面的作用，组织和实施好大学实践活动，让学生不断反思自己……以更好地促进大学生综合素质的提高。

三、大学实施素质教育的现状

通过实施素质教育，对大学的教育思想观念、人才培养模式、课程体系、教学手段与方法等进行全面改革，进一步优化教育资源配置与育人过程，有助于提高大学生的综合素质，有助于提高教师的文化修养与人格魅力，有助于提高大学的教育质量。简言之，在大学实施素质教育是社会发展的必然要求，是提高大学教育质量的必然要求。

近些年来，高校对实施素质教育的积极探索在一定程度上促进了大学生综合素质的发展，素质教育取得了较好的效果，尤其是在文化素质教育方面。文化素质教育作为素质教育的重要组成部分，它通过对理工科学生加强哲学、文学、艺术、历史等方面的教育，对文科学生加强自然科学方面的教育，以提高全体大学生的人文素养、科学素养和文化品位。

文化素质教育取得的成就显而易见，它不仅在第二课堂很重要，而且已经进入了第一课堂。有些大学规定，学习理、工、农、医的学生应选修一定文、史、哲和艺术等人文学科的课程；而文科学生应修满自然科学课程的若干学分才能毕业，等等。

但是，我们应该清醒地看到，实施素质教育的现状还有许多亟待解决的问题，主要表现在两个方面：一方面，理论界对素质教育内涵、规律和方法的研究有待进一步加强；另一方面，大学实施素质教育的实践找不到有效的理论支撑，许多高校的素质教育在很大程度上流于形式，没有与学校的教育体系和文化建设融为一体。

社会发展对人才提出了更高要求。21 世纪，是以科技和人才为核心进行竞争的世纪，人才在竞争中起着至关重要的作用。通过总结和归纳，现代人才的基本素质应该包括：

（1）具有宽广的文化知识和良好的社会适应能力、生存能力；

（2）具有一技之长；

（3）具有在纷繁复杂的信息之中获得核心信息的能力；

（4）具有高度的责任感；

（5）具有良好的合作精神和严谨的治学精神；

（6）具有自强不息的进取精神和孜孜以求的创新精神；

（7）具有良好的心理素质和个性品质。

但是，传统大学培养出来的大学生很难完全具备这些素质。传统的大学教育重视学科专业的科学性和系统性，突出对知识技能的传授，侧重“教书”，对人的思想道德素质、人的个性和健全人格的培养重视不够，相对忽视“育人”，导致部分学生表现出缺乏理想信念、社会责任感，人际交往能力差，环境适应能力不强，甚至性格缺陷等问题。大学生中的考试作弊现象、还贷失信、以自我为中心等现象已引起了社会的关注。传统的大学建设往往侧重于硬件设施的建设，相对忽视观念和制度层面的建设，对教学观念、办学理念的宣传与探讨往往重视不够。

综上可知，大学实施素质教育的现状不尽如人意，传统大学所培养出来的人才与现代社会所需要的综合型人才还有一定差距。必须认真反思和改进当前的大学教育，使其在新的时代发挥出更大的作用，这是实施素质教育的目的。为了促进社会和大学生的发展，高等教育只有进一步深化改革，在目前向素质教育的转变过程中重新审视大学的培养目标、人才培养模式、大学文化建设等，才能实现素质教育的真正目的。

着力加强大学文化建设，并将实施素质教育与大学文化建设有机结合起来，这是培养适应时代发展要求的高素质人才的根本途径和有效手段。

第二节　大学文化与大学素质教育

大学素质教育可以说是人本教育，也就是在培养高素质人才的过程中，尤其注重人格精神的培养，而这一目标的实现往往需要借助于文化。大学文化与大学素质教育之间有着千丝万缕的联系。

一、大学文化与大学素质教育

大学生处于人生成长的关键时期，促进大学生德、智、体、美等全面发展将对其一生产生非常重要的影响。实施素质教育是促进大学生全面发展的主要手段和方式，大学文化在实施素质教育中起着环境育人、氛围育人的作用。大学生的可塑性强，受环境的影响更为突出，要想促进他们的健康发展，必须用大学文化营造良好的大学环境和氛围。

大学文化所营造的文化环境和氛围，对学生健康行为方式和良好品德的养成影响至深。行为主义的创始人华生曾经在他的《行为主义》一书中作过这样的描述：“给我一打健全的体形良好的婴儿，并在我自己特殊的天地里培养他们，我保证他们中任何一个都能训练成为所选择的任何一类专家：医生、律师、艺术家或巨商，甚至乞丐和小偷，无论他们的天资、爱好、脾气以及他们祖先的才能、职业和种族如何。”华生的描述虽然有些绝对，但他从一个侧面阐述了环境在人成长过程中的重要影响。中国古代也有表达环境在人的发展过程中起重要影响的谚语，如“近朱者赤，近墨者黑”，“蓬生麻中，不扶自直”等。

具体来讲，大学文化与大学素质教育的关系主要表现在以下几个方面：

第一，从二者的内涵来看，大学文化的构成要素符合大学生人文精神发展的需要。大学文化是由大学精神文化、大学制度文化、大学行为文化和大学环境文化等四个层面共同构成的，这些大学文化的构成要素都指向学生全面发展的需要，尤其是指向大学生人文精神发展的需要。

人文精神是一种实践精神，也是一种不断在发展的精神，是一种普遍的人类自我关怀，表现为对人的存在价值、尊严的首肯、维护、追求和关切，对人类不断传承的各种精神文化的高度珍视以及对人的基于全面发展基础上的人格肯定和塑造。

大学精神文化体现着对于人类各种精神文化的珍视和传承，制度文化与行为文化在规范人的行为的过程中又透漏着素质教育中如何做人的倾向，物质文化体现着人的智慧和价值追求。因此，大学素质教育注重大学生人文精神的培养和发展，这也是建设大学文化的主要目的之一。

第二，从二者的关系来看，大学文化对学生潜移默化的影响和熏陶就是潜在的素质教育。大学文化在对大学生价值观、道德观及个性培养上具有十分重要的作用。丰富、高雅且深邃的大学文化就是一种潜在的素质教育环境，这种环境主要体现在大学的物质景观（如建筑风格、校园花苑等）、精神风貌（包括心理意识情景，如师生的世界观、人生观、工作态度等）、行为活动（如运动会、社团活动等）中，它潜移默化地影响着大学生科学精神、人文精神和创新精神的养成，影响着大学生思想品德的提高，影响着大学生个性品质以及人格魅力的养成，而这种影响正是素质教育要培养大学生的核心内容和目标。可以这样说，大学文化以一种潜移默化的方式促成了大学生素质教育目标的实现。

第三，大学文化能够培养大学生的竞争意识和竞争能力。随着知识经济时代的到来，国与国之间、人与人之间的竞争日益激烈，培养大学生的竞争意识和竞争能力已成为实施素质教育的重要目标之一。一个大学生对社会有无贡献以及作出贡献的大小，与其竞争能力的强弱是相关联的。大学生在大学期间学习的知识，只是增强竞争力的一个重要组成部分，竞争更需要的是多种能力，并且多种能力的培养更有助于知识的灵活应用。因此，当代的大学生不仅要具有较强的竞争意识，更要有过硬的竞争能力。竞争意识能够有效地激发大学生们的创新意识、创新精神和创新激情，以及强烈的社会责任感和紧迫感。

大学文化是大学教育的重要组成部分。丰富多彩的大学文化，有助于发展大学生的智力，扩大他们的视野，提高他们的各种能力，使他们的个人特长得以发展，并以特长为基础掌握更多的与生存和竞争相关的本领，为他们正式进入社会做好充分的准备。

值得强调的是，在培养大学生竞争意识和竞争能力的时候，一定要加强对他们的职业道德教育，让他们具有良好的职业操守。

第四，大学文化可以促进人的全面发展。大学文化能够将大学教育从智力领域拓展到非智力领域，致力于陶冶学生的情操，培育他们的健全人格。

完善的校园设备、雅致的校园景观能够为丰富多彩的教育教学活动的展开提供重要的阵地和氛围，使大学生们学有其处、乐有其所。在这样的氛围中生活、学习，又可以使大学生的理想信念、道德人格、精神风貌等非智力领域受到潜移默化的熏陶和教育。比如，各具特色的建筑，有历史文化或纪念意义的雕塑、展馆等，无不向学生展现着大学的历史、文化传统、精神风貌、办学理念及辉煌成就等，能够让大学生们在感受它们、体味它们的过程中受其感染，自觉地接续起这样的传统，从而发扬这种传统，再接再厉，实现自我超越。

大学精神文化是大学精神气质的集中反映，它能够使不符合环境气氛要求的心理和行为时刻感受到一种无形的压力，使大学生们的集体责任感、荣誉感和归属感日趋巩固和扩展，从而逐步培育出具有良好的情绪调控能力、和谐相处的交往能力和良好的社会适应能力的人才。

总之，大学文化所创造的环境和氛围，对大学生的知识发展、能力发展、人文素养发展、品德发展和心理发展都起到了潜移默化的影响，这能够使大学生的整体素质在大学里得到全面的提升和发展，且这种提升和发展的影响将是终身的，这也是实施素质教育的初衷。

二、大学文化建设与大学素质教育

大学文化建设在我国大学中已经日益受到重视，所谓教书育人、管理育人、服务育人、环境育人等说到底都是文化育人。

当代大学生是祖国的未来和希望，其自身素质如何，不仅会影响到自己未来的发展，而且还直接影响到国家的前途和命运。加强大学文化建设，有助于大学生思想政治素质的提高，有助于帮助大学生树立正确的世界观、人生观和价值观，有助于培养德、智、体、美等全面发展的“四有”新人。

大学文化建设是实施素质教育的有效途径和手段，对大学文化建设在素质教育中的地位和作用进行探讨将显得十分必要。

大学文化建设需要一个总体的要求，这样才能明确其建设和发展的方向和目标，才有利于建设与素质教育相一致的大学文化。《教育部、共青团中央关于加强和改进高等学校校园文化建设的意见》中明确指出：以邓小平理论和“三个代表”重要思想为指导，坚持社会主义先进文化的发展方向，遵循文化发展规律，借鉴、吸收人类文明的有益成果，以实施科学文化素质教育为基础，以建设优良的校风、教风、学风为核心，以优化校园文化环境为重点，以树立正确的世界观、人生观、价值观为导向，弘扬主旋律，突出高品位，加强管理，注重积累，努力建设体现社会主义特点、时代特征和学校特色的校园文化，不断满足大学生日益增长的精神文化需求，为培养社会主义合格建设者和可靠接班人提供强大的精神动力，使高等学校成为发展中国特色社会主义先进文化的重要基地、示范区和辐射源。这个指导意见对大学文化建设提出了具体要求，明确了大学文化建设与实施素质教育的关系，为建设与素质教育相一致的大学文化指明了方向。

《中共中央国务院关于进一步加强和改进大学生思想政治教育的

意见》（以下简称《意见》）指出，加强和改进大学生思想政治教育的主要任务，包括：以理想信念为核心，深入进行树立正确的世界观、人生观和价值观的教育；以爱国主义教育为重点，深入进行弘扬和培育民族精神的教育；以基本道德规范为基础，深入进行公民道德教育；以大学生全面发展为目标，深入进行素质教育。《意见》还要求“大力加强大学文化素质教育，开展丰富多彩、积极向上的学术、科技、体育、艺术和娱乐活动，把德育与智育、体育、美育有机结合起来，寓教育于文化活动之中”。从《意见》内容可知，大学文化在提高大学生综合素质，尤其是思想政治素质方面起着非常重要的作用，大学文化是实施素质教育的有效手段和途径。

综上可知，大学文化建设在大学实施素质教育中占据着及其重要的地位，素质教育为大学文化建设提出了许多要求和目标，同时也是实施素质教育的重要手段和途径。在一定程度上说，在大学实施素质教育，没有有意识地对大学文化进行建设是无法完全实现的。

第三节　素质教育背景下的大学文化建设

实施素质教育是时代发展的必然要求，是促进大学生全面发展的必然要求，是增强我国综合国力的必然要求。大学文化作为实施素质教育的重要组成部分，在实施素质教育中具有不可替代的作用。研究素质教育背景下大学文化的建设问题是一个新领域，也是一个亟须思考的理论问题和实践问题。

一、大学素质教育存在的误区

大学生素质教育是新形势下高等教育改革和发展过程中的一个紧迫课题，不管是在区域整体推进层面，还是在高校具体实施层面，都或多或少地存在着某些误区，具体表现在：

1. 把特色教育当成是素质教育。

特色、特长教育，有助于发展学生的特长，有助于学生的个性发展。但是，把特色教育当成是素质教育，难免有失偏颇。

目前，比较普遍地认为特色、特长之类的教育就是学生的素质教育，使认识偏于一隅，忽视了素质教育要求全面性的特征。全面性的素质包括思想道德素质、科学文化素质、业务素质、心理素质和身体素质等。素质教育的全面性就是要把这些素质的培养有机地结合起来，贯穿于学校教育、教学的全过程，使大学生在诸多方面获得全面协调发展。只有将素质教育和特色教育有机结合起来，才能真正促进大学生综合素质的提高和富有个性的发展。

2. 把素质教育片面地理解为现行教育的反面。

现行大学教育既有优点，也有缺失，实施素质教育，就是为了弘扬现有教育的优点，弥补现有教育的缺失。然而，大学的部分老师，却将素质教育与现行教育截然对立起来，认为实施素质教育就是要否定现行教育体系，甚至全盘否定现行教育，这与实施素质教育的初衷是相违背的，也是不符合教育规律的。

现行教育的弊端主要表现为不能张扬学生的个性，不能造就他们的独立、完美人格，抹杀了他们个人的理想信念及人生追求等，使得许多大学生生活在无意义、无价值的状态中，情绪颓废失落、追求所谓的浪漫爱情、逃课等。针对现行教育的弊端，我国提出了实施素质教育的战略，在推行和实施素质教育时，必须要在继承现行教育优点的基础上实施素质教育。

3. 认为实施素质教育就是要取消考试。

素质教育是针对现行教育的弊端提出来的，目的是为了促进大学生的全面发展和综合素质的提高。素质教育并不是否定考试，而是把考试作为了一种衡量的有效手段。考试是选拔人才的一种有效手段，考试作为一种手段并无对错，关键是要看人们怎么运用它。在应试教育中，考试成为了目的，导致了人们对它的批判。

当前，在实施素质教育的过程中，有些大学教育工作者就打着素质教育的旗号反对应试教育，认为现有的大学生们都是深受基础教育阶段的应试教育之害，能力差、素质低下、知识面狭窄等，从而对应试教育痛恨不已，甚至视其为一钱不值。但是，冷静思考，考试仍然还是一种选拔人才和评价人才的有效手段，不是最好，却最有效，主要在于有助于公平的实现。

实施素质教育就是要利用好考试，而不是要取消考试。素质教育的实施是一个长期的持续过程，不可能一蹴而就，在实施素质教育时用好考试这种有效和相对公平的评价方式和手段是实施素质教育的必然要求。

二、素质教育背景下的大学文化建设

针对目前实施素质教育中存在的问题和面临的新挑战，要想更好地实施素质教育，加强大学文化建设是一种最为有效的方式和手段，也是实施素质教育的重要途径，这是由二者存在的相通性决定的。大学素质教育和大学文化建设具有许多相通的地方。

（1）二者的根本目的一致。大学文化建设的根本目的在于提高人才培养的质量和促进大学核心竞争力的提高，实施素质教育的根本目的在于促进学生的全面发展，提高大学生的综合素质，最终也将有利于大学核心竞争力的提高。由此可见，二者的根本目的是一致的。

（2）二者的实施都需要全体大学人的努力。大学文化建设需要全体大学人的积极参与，也只有增强大学人的主动参与意识，发挥他们的积极性和主动性，才能形成真正意义上的大学文化。实施素质教育的目的是为了提高学生的综合素质，但它的实施亦需要全体大学人的共同努力。教师通过言传身教促进学生的发展，学生通过发挥自己的主观能动性提高自身的综合素质。

（3）二者的实施都有助于形成良好的大学环境和文化氛围。大学文化建设是通过大学精神文化建设、制度文化建设、行为文化建设和环境文化建设来实现的，这将有助于大学环境和文化氛围的改善和提高；素质教育的实施有助于丰富大学的文化生活，让具有不同需求的大学人都能够在大学中找到展示自己的舞台和发展自己的机会，从而促进大学环境和文化氛围的改善，殊途而同归。

大学生良好素质的培养，并非仅靠几次活动、几个讲座、上好几门课就可以完成，还要靠包含了行为文化、环境文化、制度文化和精神文化在内的大学文化以一种无形的、潜在力量对每一个大学生产生深层次的潜移默化的影响来实现，使他们在这样的影响中不断地调整自我的心理和行为，以主动地去适应环境的要求。那么，在大学文化建设过程中如何更好地体现素质教育的要求呢?

第一，将素质教育贯穿于大学文化建设的始终。大学阶段是学生成长的关键时期，大学素质教育是否真正实施、实施的程度如何，将直接影响到大学生的未来发展。大学要将实施素质教育与大学文化建设有机结合起来，将素质教育贯穿于大学文化建设的始终，这样不但有利于形成良好的大学文化环境和氛围，而且有助于促进大学生综合素质的提高和大学的可持续发展。

第二，充分发挥大学文化的导向与示范功能，以更好地推进人文教育和品德教育。人文教育和品德教育是大学素质教育的重要组成部分，发挥大学文化的导向与示范功能有助于人文教育和品德教育的良好实施。

大学在实施其素质教育的过程中应该充分发挥大学文化的导向与示范功能，大学文化导向与示范功能的发挥体现在两个方面：一是大学文化具有目标指向作用。大学文化的建设目标指向对大学生的成长具有深刻的意义，他们在这种目标指向的影响下，构造着自己的人生理想和目标追求，激发其自身的积极性和主动性，促进自身综合素质的提高；另一方面，大学文化往往给大学生提供着一种健康向上的环境氛围，体现着求真、求善、求美等特点和精神，这些特点和精神凝结成为一股强大的力量潜移默化地影响着大学生的“求学”和“做人”，从而推动大学生去追求真、善、美，从而形成与之相符合的世界观、人生观、价值观和审美观等。因此，充分发挥大学文化的导向和示范功能，能够使大学生素质教育中的人文教育、品德教育等得到有效推进。

第三，发挥大学文化的创新功能，培育大学生的创新精神。创新是人类活动中的一种高级活动形式，其成果能够对社会发展产生积极的影响，创新教育是当今大学素质教育的重要组成部分。

创新是社会发展的不竭动力，是提高国际竞争力的重要方式和手段。大学作为培养人才的基地，当代社会对大学提出了更高的要求，要求大学生具有更高的创新意识和创新能力，即当代大学生必须具有宽厚的基础知识和较好的综合素质。不仅要有扎实的专业知识，还必须要有较强的管理和协调能力、与人相处的能力、不断学习的能力等。

大学文化具有创新功能，这对于培养大学生的创新意识和创新能力起着非常重要的作用，在大学素质教育中就需要充分发挥大学文化的创新功能。大学文化的创新功能不仅能够产生新的思想，构成新的文化环境和氛围，还能够体现新的规范、新的行为、新的精神风貌、新的校园布局等。

大学文化的创新功能不断推动着大学向前发展，同时又在不断地影响着大学生的创新热情和动力。大学生身处其中，通过自己的努力不断提高自己的创新意识和创新能力，努力铸就自己的强势能力，增强自己的核心竞争力。

总之，发挥大学文化的创新功能，让大学生身处其中不断提高他们的创新精神，增强他们的创新意识和创新能力，最终实现素质教育的目的。

第四，发挥大学文化的熏陶与化育功能，激发大学生学习的积极性和主动性，不断提高他们的综合素质。当代社会竞争日益激烈，要想提高自己的竞争力，就必须不断提高自己的综合素质，这也是实施素质教育的背景之一。

随着社会的发展，目前我国大学的教育逐渐显现出来一些弊端，导致这些弊端出现的重要缘由是，在长期的大学管理中，大学更注重于禁令式的管理手段和规章制度，而没有突出对差异性的注重以及自由空间和氛围的塑造，大学生积极活跃的思想没有被调动起来，从而使大学呈现出千篇一律、千人一面的局面。在教学上看重的是课堂教学，而课堂教学却越来越单一和淡化，少数教师应付学生，学生逆反课堂、逃离课堂的现象在一些高校有时有发生；体现环境文化的建筑、景观、园林等大学环境要么少得可怜，要么设计不尽合理，缺少人文趣味和审美意蕴等。这些弊端直接或间接地影响着大学教育目的的真正实现。

大学文化具有熏陶和化育功能，只有充分发挥大学文化的熏陶与化育功能，弥补大学教育的这些局限和不足，才能最大限度地激发大学生学习的积极性，不断提高自己的综合素质。

第五，发挥大学文化的激励和凝聚功能，激发学生的社会责任感和使命感。培养大学生具有强烈的社会责任感和使命感，是实施素质教育的目的之一。大学生是祖国的希望和未来，毕业后的大学生将会担负起为社会发展贡献才智的社会责任和历史使命。大学文化具有激励和凝聚功能，这些功能对大学生社会责任感和使命感的培养方面具有十分重要的作用。

大学文化作为实施德育的有效手段和方式，对大学生社会责任感和使命感的形成起着潜移默化、润物无声的作用。因为，大学文化的激励和凝聚功能透射出一股强有力的力量，影响着大学生们的精神状态、行为方式、价值观念、道德情操等。这股力量越强烈，大学文化的激励和凝聚功能发挥得就越好，就越有助于激发大学生的社会责任感和使命感。

第六，重视将科学精神和人文精神统一起来，促进素质教育的实效性。文化素质是提高大学生综合素质的基础。实施文化素质教育必须坚持人的全面发展的思想，在承认科学文化和人文文化不同的基础上，研究科学文化中的人文精神，人文文化中的科学精神，研究培养学生科学精神和人文精神的方法和途径等。在具体的教育过程中，应强调科学与人文的自然渗透与融合，促进学生的全面发展和综合素质的提高。

总之，当代社会对大学提出了更高的要求，为了适应这种要求，大学普遍开始注重素质教育的实施。实施素质教育离不开大学文化建设，将大学文化建设与实施素质教育紧密结合起来，促进大学生综合素质的全面提高，是时代的呼唤，是社会发展的必然要求。

经济全球化，高等教育大众化；文化庸俗化，学术功利化。大学生存与发展的根基和灵魂——大学文化迎来了前所未有的机遇，也面临着无法回避的困难。是喜悦？是困惑？不，只有审慎思考，勇于面对，才是大学现实而明智的选择！

第十一章　当代我国大学文化的发展现状

21 世纪是知识经济的时代，大学作为传承与创新知识、培养人才的重要阵地，必将在这个时代扮演重要角色。随着我国高等教育大众化时代的到来，大学的办学规模不断扩大，社会影响与日俱增；与此同时，大学在面临着新的发展机遇的同时，也不得不面对诸多新的挑战。大学文化作为大学生存和发展的根基和灵魂，在迎接挑战和解决存在的问题方面起着最根本和最重要的作用。

面对目前大学良好的发展机遇，如何构建和发展大学文化，使之促进大学和社会的共同发展，成为大学无法回避的历史责任。了解我国当代大学文化发展取得的成就及其在发展过程中存在的问题，在此基础上进一步深入思考当代我国大学文化建设的若干问题，对于加强大学文化建设，推动我国高等教育快速可持续发展可谓意义深远。

第一节　当代我国大学文化发展取得的成就

近年来，我国大学的发展可谓突飞猛进，取得的成就有目共睹；大学文化在大学人的共同努力下，也获得了较大的发展。总体而言，我国当代大学文化发展取得的成就主要表现在以下五个方面。

1. 大学文化建设和研究日益受到重视。

大学文化是先进文化的重要组成部分，应当体现人类的希望和理想。特别是进入 21 世纪以来，在全球化、市场化和信息化的背景下，经济、科技、文化的竞争加剧。一些大学为了提高自身的核心竞争力，开始重视大学文化建设。北京航空航天大学于 2004 年制定了大学文化建设规划，以推进学校的精神文化、制度文化、学术文化和形象文化建设，使得学校的大学文化建设取得了很大成就。2006 年夏北京大学、清华大学、复旦大学校长在上海参加文化论坛，探讨大学精神。在接着召开的中外大学校长论坛上，时任国务委员的陈至立强调：无论大学如何创新，如何进一步服务于社会，但大学的精神和灵魂是永恒的。要坚定不移地守护大学的精神家园，使大学在创新和服务中以它的先进思想和品格影响社会、引导社会，使“大学”的荣誉得以发扬光大，永远光荣。

与此同时，大学面临的挑战和问题越来越多。为了迎接挑战，促进大学更快、更好地发展，以大学精神和大学理念为主体的有关大学文化的研究日益受到学者们的重视，在我国掀起了大学文化研究的热潮。

2. 大学文化在培养人才方面的作用日益明显。

大学是社会精英的聚集地，是为社会培养人才的地方，大学文化是先进文化的重要组成部分。大学文化不是简单的口号标语，而是学校精神、学校传统和学校校风等的综合体现，是培养人和塑造人的重要“教师”，在某种程度上可以说办大学就是办文化氛围。

大学文化是一种氛围，是引导人、鼓励人的一种内在动力，是凝聚人心、催人奋进的一面旗帜，环境和氛围对学生的影响是潜移默化的，它将对学生的道德品格、伦理规范和思维方式等产生深刻影响。

随着大学对大学文化建设的日益重视，大学文化在培养人才方面的作用日益显现出来。

3. 大学文化在引领社会文化发展方面的作用日益凸显。

长期以来，大学培养人才、创新知识和服务社会的三大职能得到广泛的认可，随着人类进入以信息、知识为主要生产手段的知识经济时代，知识作为一种权力，滋生了支配财富力、政治力的行驶方向和质量的功能。社会发展的新形势使大学的第四项职能日渐凸显——引领社会文化的发展，即大学在引领社会生活和文明进步方面担负起了更大的责任，包括引导社会新观念的变革、建立新的精神文化、间接参与社会决策等。

大学文化作为大学的根基和灵魂，在引领社会文化发展方面的作用日益凸显。在我国，和谐文化是我们党构建社会主义和谐社会的战略思想以文化形式外化的一种表现和展示，也是加强社会主义和谐社会建设的精神武器和具体方式。与这种大环境相适应，大学文化在建设和发展过程中要注意引领社会和谐文化的发展。和谐大学文化建设不但有助于增强大学的核心竞争力，而且有助于在引领社会和谐文化发展方面作出更大的贡献。

4. 大学文化在促进国际文化交流方面发挥着日益重要的作用。

在经济全球化、政治多极化、文化多元化和高等教育国际化的背景下，各个国家、民族之间的文化交往日益频繁，大学学术交流和文化传播在增进世界各国、各民族人民之间的交流与对话、理解与合作方面发挥着不可替代的作用，而且这种作用越来越重要。一方面，中国大学文化在与世界各国文化的交流与合作过程中，所出现的碰撞与冲突，必然导致大学文化进行反思、批判，继而吸收和融合世界文化，促使我国大学文化快速发展和形成新的特质。另一方面，我国大学文化在文化交流过程中又将中华民族的优秀传统文化介绍给世界，进而影响世界文化，促进世界文化的多元发展。

5. 大学文化在服务社会方面的作用日益明显。

随着大学在现代社会经济发展中地位和作用的变化，现代大学文化构建已不再是纯粹学院式的内部科学研究，而是要受到“象牙塔”外的政治、经济、文化、社会等诸多因素的刺激及作用。

大学文化是追求真理的文化，是追求理想和人生抱负的文化，是提倡理论联系实际的文化，是具有强烈批判精神的文化，是崇尚学术自由的文化，是崇尚高尚品德的文化。大学文化通过文化创新和为社会培养人才为社会发展提供源源动力，随着社会的发展，大学文化在促进社会发展方面的作用日益增强。

第二节　当代我国大学文化发展存在的主要问题

与有着悠久传统的西方大学相比，我国大学的发展历史相对短暂，在文化底蕴方面相对贫乏，建校的实用目的影响深远，且相当一部分大学是应社会主义建设的需要而建的，大学文化普遍呈现出计划经济时代的一些特征。这与大学在现代社会中发挥自己应有的作用不相适应，更与实现“一流大学”的目标相距甚远。

近年来，随着我国高等教育的快速发展，我国大学文化建设也取得了较大的成就，但同时我们应该看到，当前大学发展过程中还存在着不少问题，面临着许多挑战。

1. 全球化浪潮给我国大学文化建设带来了新的挑战。

全球化浪潮是一把双刃剑，在给我国大学文化的建设和发展带来机遇的同时，也给大学文化建设和发展带来了一些新的挑战，这主要体现在西方强势文化对我国大学文化的冲击。

全球化浪潮在本质上是由西方发达国家引导和推动的，它们是全球化游戏规则的主要制定者，它们凭借其雄厚的经济实力和先进的高科技手段，如网络技术、信息高速公路，实行“文化侵略”，推行“文化霸权主义”，使其文化处于强势文化的地位。我国的社会主义文化则成为弱势文化，特别是随着信息全球化、网络化时代的到来，使西方的一些不良文化通过互联网等渠道流入我国大学校园，对广大师生特别是青年学生产生了许多负面影响。在全球化浪潮下如何趋利避害，促进学生的健康发展，是在大学文化建设过程中不得不思考和解决的一个现实而又紧迫的问题。

2. 创新风险对我国大学文化建设提出了新的要求。

在传统社会中，人类遭遇的风险多数为自然灾害，即使人为的社会风险也具有局部性。但是，随着高科技的发展以及人类不负责任的行为的不良后果的逐步暴露，人类面临着全球性的社会风险，如亚洲金融危机、转基因食品等造成的全球风险。同时由于人们之间竞争日益加剧，人与人之间也出现了信任危机。

当前，我国大学的教育中心还主要是知识教育、竞争教育和创新教育，其目的是培养有竞争力、有创新才能的人，大学的科研重心和社会服务重心也是为了竞争而进行创新活动，但是对于创新可能产生的风险重视不够，甚至根本不重视。在这种情况下，为了人类的未来，在我国大学和大学文化建设过程中必须重视对大学人进行创新风险的相关教育。

3. 大学的功利性倾向日益严重。

随着知识经济时代的到来，高等教育大众化成为一种历史的必然。由于大学人数剧增，政府财力有限，使得一些大学不得不面对经费不足等现实压力，学生不得不面对拥挤的教室和日趋紧张的教学资源，这就导致了人才培养质量的下滑，部分大学在这种情况下根本没有经费、也无暇顾及大学文化建设。

与此同时，高校出现了许多功利化现象，部分高校领导关注的是扩大办学规模、增加经费的数量和各种评奖等，而对于提高教育质量、强化办学特色、推进学校改革关注较少；部分教师关注的是职称评定、论文发表和课题申报，对教书育人和提高科研质量则缺乏热情；相当部分学生学习动机就是应试，从一年级开始就忙着考研究生、公务员、考各种证书，对于思想政治教育、专业基础教育、人文素质教育则不予重视。在这种情况下，要是高校继续忽视大学文化建设，大学就不再成其为大学了，而仅仅是培训机构而已。

4. 高校特色不明显，趋同化倾向严重。

随着大学的不断发展，统一性与多样性已成为大学的显著特征之一。统一性表现的是大学本质属性的一致性，多样性表现的是大学的特色。特色是大学的竞争力所在，是大学实现可持续发展的基础。大学建设要体现出统一性与多样性的有机结合，大学文化建设亦是如此。但是，目前一些高校盲目追求"高、大、全"，不顾自身条件，热衷于专科升本科、教学型大学转向研究性大学，热衷于与别的高校拼专业数量、拼学位点，导致大量热门专业低水平重复设置，有限的教学科研资源被稀释，学校核心竞争力得不到应有的提高。

与大学建设的趋同化现象一样，大学文化建设的趋同化现象也十分严重，突出表现为精神文化的过于行政化、制度文化的过于刻板化、环境文化的过于世俗化和行为文化的过于活动化。

5. 大学文化的庸俗化现象值得重视。

所谓大学文化的庸俗化，即大学趋向非规范、非道德、非健康、非自律，甚而偏离大学组织本质属性的不良现象、不良行为有"蔚然成风”之势。[①] 大学文化的庸俗化主要表现在以下几个方面：一是一些大学出现了“官本位”倾向，使大学好似官僚体制的附庸而非学术机构；二是一些大学出现了“拜金主义”倾向，昔日庄重的学府日渐呈现出浮躁的“学店”之象；三是学术行为不良现象时有发生，如学术上的造假、抄袭、学术的近亲繁殖等，这些行为在少数大学内发生，却严重影响了大学知识殿堂的声誉。如果任其大学文化的庸俗化现象发展下去，大学的发展和功能的发挥将无从谈起。因此，加强大学文化建设是坚决抵制大学文化庸俗化倾向的根本手段，是釜底抽薪之举。

6. 大学文化的简单化倾向明显。

大学之所以称之为大学，在很大程度上就在于它有深厚的文化底蕴，没有文化底蕴的大学不能称之为真正意义上的大学。

当前在大学文化的建设和发展过程中，许多大学不重视大学文化建设，简单地把大学文化建设等同于校园文化建设，校园文化建设又等同于学生的社团建设和丰富的活动生活。由此，一些大学把大学文化建设变成了在校园内举办丰富多彩的文体活动，为学生社团提供更多的活动经费，满足学生的多种文化需求等。大学文化的这种简单化倾向不利于大学文化建设和大学文化底蕴的增强。

7. 高校活力不强，难以形成综合竞争力。

大学作为知识创新的基地、知识传播的基地和知识精英的荟萃之地，拥有着较为先进的实验室、科研设施和丰富的图书信息资料等资源，但由于管理手段较为传统，条块分割严重，导致资源使用效率不高，难以形成创新的合力，一些大学人才机制不活，论资排辈和师缘的近亲繁殖现象严重，不利于优秀人才脱颖而出。从表面上看，高校活力不强是管理问题和机制原因，但从深层看是大学的文化问题。

加强大学文化建设，增强高校办学活力，提高高校综合竞争力是时代发展的必然选择。

---

① 眭依凡：《关于大学文化建设的理性思考》，载《清华大学教育研究》2004 年第 1 期。

此外，在大学环境文化的建设过程中，许多高校缺少整体规划，大学绿化忽视自然，人工斧凿痕迹严重，这与中国传统文化讲究天人合一、人与自然和谐统一的观念是相悖的，也很难达到环境育人的目的。

第三节　对继续推进当代我国大学文化建设的思考与建议

综上可知，我国的大学文化建设虽然取得了较大的成就，但是随着时代的发展，大学文化建设还存在着不少问题，也面临着一些新的挑战，为了进一步推进当代大学文化建设，从而促进大学和社会的协调可持续发展，我们不得不深入思考大学文化建设的实际对策。

1. 大学领导要重视大学文化建设，积极制定大学文化发展战略。

中外大学发展史的实践表明，只有建立了基于自身独特精神传统的大学核心竞争力，积极培育具有自身特色的优秀大学文化，大学才能在日趋激烈的竞争中立于不败之地。因此，为了增强大学的核心竞争力，实现大学的和谐持续发展，大学领导一定要重视大学文化建设，学校党委应切实加强对大学文化建设的领导，校长应对大学文化建设全面负责，积极制定大学文化发展战略。

要想实现大学文化建设的有效性，首先要明确目标，制定周密的战略规划。大学文化是在世代大学人的努力下形成的，是基于资源整合后的凝练和升华。学校应成立大学文化建设指导委员会或相应的机构，深入分析本校的历史传统、资源优势、核心竞争力等，在继承过去优秀大学文化的基础上制定具有特色的大学文化发展战略，对大学文化建设的目标进行总体规划，制定相关政策和管理措施，突出重点，逐步实施。在大学文化建设实施过程中，应定期召开会议，协调解决大学文化建设工作中出现的问题。

2. 以“先进文化”引领大学文化建设。

意识形态领域的工作，事关大学文化建设的导向，高校领导干部和广大教职工，应时刻保持头脑清醒，增强政治敏锐性和政治鉴别力，越是形势复杂，越要保持清醒的头脑。大学文化作为社会文化的亚文化，是建设有中国特色社会主义文化的重要组成部分。先进文化是指在人类发展过程中，符合社会进步潮流和符合时代前进方向的科学的、健康的文化。

在当代中国，先进文化就是以马列主义、毛泽东思想、邓小平理论、“三个代表”重要思想和科学发展观为指导的，以培养“四有”人才为目标，面向现代化、面向世界、面向未来的科学的、民族的、大众的文化。大学文化作为先进文化的重要组成部分，在建设过程中必须确立两个基点：一是必须坚持马列主义、毛泽东思想、邓小平理论、“三个代表”重要思想和科学发展观在大学文化建设过程中的指导地位，落实科学发展观，促进大学文化沿着社会主义方向健康发展；二是积极开展先进文化的理论创新。

马克思曾经说过，每个时代总有属于自己的问题，准确地把握和解决这些问题，就会把理论、思想，把人类社会大大地向前推进。要应对全球化挑战，我们就要不断推动理论创新，用创新的理论更好地指导大学文化建设。

3. 要把大学文化体现在办学定位、办学理念和办学特色上。

大学文化在大学自身的改革与战略调整中发挥着非常重要的作用，在大学文化基础上形成的战略定位，容易为大学人所理解并自觉执行，进而形成富有本校特色的学术氛围和教师团队。

大学不论办学规模大小、办学时间长短和办学层次高低，都应该找准自己的定位。有了准确的定位，学校发展才能聚焦，形成核心竞争力。在准确定位的基础上，就该思考要把大学办成什么样的大学，如何办成这样的大学，这是大学办学的理念，也是大学文化的特色所在。每一所大学都应站在历史和文化的高度来提炼自己的办学理念，形成自己的办学特色。可以说有什么样的大学文化，就会有什么样的办学理念和大学特色。

4. 大学制度设计和改革要考虑大学文化的建设和发展。

现代大学制度建设，特别是内部治理结构的改革和完善，应该坚持大学文化的引领，具有文化高“含金量”。

大学制度的设计和改革必须与大学的办学理念相一致，通过制度的设计和执行把理念转化为行动、精神转化为物质。大学制度的设计和改革应该体现民主治校的理念，体现教育的本质和规律，保障学校的科学可持续发展。

大学制度设计和改革的出发点不应该是约束人、惩罚人，而应该是尊重人才、激励人才，学校的各项制度都应该着眼于让人的创造才华有展示的舞台，创造愿望有实现的空间，鼓励教师尽心教书、潜心育人，拿出高质量的科研成果；鼓励学生刻苦学习，积极参加社会实践，促进他们的健康成长和全面发展。

5. 立足特色，加强大学校园环境建设。

如何营造一个环境优美、秀丽的大学校园，发挥校园环境的育人作用，是目前我国大学环境建设的重点。大学校园环境是反映其办学水准、体现其办学思路的名片，不同大学的校园环境应该根据自身的传统、大学理念、特色等进行建设。大学领导者应站在时代发展的制高点，全面研究和思考校园建设的整体布局、功能定位、建筑风格等，精心设计、精心实施，将大学校园建设成为高标准的“数字校园”、高品位的“人文校园”、高质量的“绿色校园”。

6. 加强网络文化建设，促进网络健康发展。

随着计算机网络的普及和发展，计算机网络对大学生的影响不断增强，这些影响既有正面的，也有负面的。

大学生是富有激情、思想活跃、接受新事物较快的群体，非常容易受到网络文化的影响。计算机网络是开放的，包含着大量对学生成长和发展有益的信息，可以说现在大学生的发展已经离不开计算机网络；但同时我们应该看到，网络中也存在着不少不健康的东西，对学生成长和发展产生了不利影响。

大学以培养社会主义事业建设者和接班人为己任，如果大学不对网络文化加强管理，许多学生就会受到不良思想的侵害，从而丧失正确的世界观、人生观和价值观，这对学生的发展是非常不利的，甚至会导致学生误入歧途。只有加强对网络文化的管理，引导学生正确使用网络，加强对大学生的网络道德教育，积极创建有利于学生成长的网站和网络文化，让网络文化“趋利避害”，才能在网络时代促进学生的健康成长和快速发展。

7. 加强宿舍文化建设和社团文化建设。

宿舍是大学生生活、学习的重要场所，其气氛如何，对学生的成长将产生重要的影响。积极探索以学生公寓为基地开展大学文化活动的方式和途径，引导学生在公寓开展丰富多彩的文化活动，在学生公寓建立各类咨询、服务机构，以开展心理咨询和辅导为重点，为学生提供生活、学习、心理等咨询服务，帮助学生健康成长和全面发展。

学生社团是第二课堂的重要组成部分，是丰富学生大学文化生活的重要载体，是促进学生个性发展的重要阵地。高校要加强对学生社团的管理和引导，促进学生社团的健康发展，使社团组织在丰富大学文化生活、提高学生综合素质、促进学生个性发展等方面发挥更大的作用。

大学文化是一所大学的灵魂和名片，是其赖以生存和发展的根基和灵魂，构建符合时代发展要求的现代大学文化，是大学增强核心竞争力和可持续发展的需要，亦是构建和谐社会的需要。大学文化具有启迪、感化学生的作用，使之产生“蓬生麻中，不扶自直”、“入芝兰之室久而自芳”的教育效果。

我们常说清华大学的学生有清华学子之神韵，北京大学的学生有北大学子的气质，这可以说就是清华、北大大学文化长期陶冶的结果。鉴于大学文化的重要性，我们要在实践中积极探索，着眼于世界文化发展的前沿，在弘扬优秀民族文化的基础上吸收世界文化的优秀成果，通过不断创新，形成富有吸引力、生命力和感召力的大学文化。

作为社会有机组成部分的大学越来越受到来自整个社会各个层面的关注与责问，这就促使大学不得不认真审视自身的生存和发展。学术的殿堂，文化的沙漠？人类文明的策源地，社会发展的助推器？大学的成功与失败皆由历史来评判！

第十二章　大学文化与社会的关系及发展的未来趋势

当代大学教育正在经历一个连续不断的适应、改进和变革的过程，大学文化在这个过程中也在经历着频繁的振荡和嬗变。为了更好地促进大学文化的发展，我们必须弄清楚大学文化发展的动力是什么及大学文化发展的趋势有哪些。我们认为，大学文化发展的动力不是由简单的一种要素组成的，它是由社会政治、经济、文化、科技和教育等多种因素共同构成的，它是一个复杂的系统。弄清楚大学文化发展的动力，从而分析大学文化发展的未来趋势，有助于推动大学教育和大学文化的快速可持续发展。

第一节　大学文化与社会的关系

大学文化的发展受到社会政治、经济、文化、科技和大学教育等因素的共同影响。社会经济、政治、文化、科技和大学教育的发展，有助于推动大学文化的变革和发展；同时大学文化的建设又会推动社会政治、经济、文化、科技和大学教育的发展。

一、社会经济与大学文化的关系

随着我国经济体制改革的不断深入，作为社会有机组成的大学越来越受到来自社会、经济各方面的关注与压力，这就促使大学不得不认真审视自身的生存与发展。社会经济与大学文化之间的联系也就越来越紧密。

1. 社会经济对大学文化的影响。

随着社会主义市场经济的发展和繁荣，我国社会的各个层面都发生了巨大的历史性转变，我国的综合国力和人民的物质生活水平进一步提高。社会经济对大学文化的形成和发展带来了强大的冲击。社会经济对大学文化的影响主要表现在以下两个方面。

（1）市场经济的发展为大学文化的建设和发展提供了强大的物力、财力和人力的支持。大学文化发展史表明，生产力水平低下，经济发展缓慢，大学文化发展所需的物力、财力和人力就得不到保证，大学文化发展就极其缓慢；生产力水平提高，经济发展加快，大学文化发展所需的物力、财力和人力就能得到较好的保证。我国新中国成立以来大学文化的发展也充分说明了这一点。

在计划经济时代，大学文化发展的基本条件得不到充分保证，大学文化发展比较缓慢；随着市场经济的发展，大学文化发展所需的各方面条件得到逐步改善，大学教育和大学文化发展速度不断加快。

（2）市场经济的发展为大学文化的建设和发展提出了新的要求和挑战。随着我国市场经济的发展和完善，社会对大学教育和大学文化提出了越来越高的要求，其中最主要的就是对大学所培养出来的人才提出了更高的要求。

大学作为培养人才的主要机构，必须不断进行改革，通过调整专业结构等适应市场经济发展的需要；同时，大学通过创新文化，直接或间接转化为社会生产力，对经济发展产生推动作用。

市场经济作为一种经济形式，在其发展过程中不断改变着人们的思想和习惯，推动着社会的前进。但是，市场经济也有自身的弊端：容易引发人们的唯我意识、投机意识、金钱意识等，从而给大学文化发展带来不利影响。大学文化作为先进文化的重要组成部分，必须从自身内部筑起抵制市场经济带来的消极影响的防线，积极推动市场经济沿着正确的方向发展。

2. 大学文化对社会经济具有潜在的推动作用。

虽然大学文化受到社会经济的影响和制约，但是它又具有自身的相对独立性。大学文化的相对独立性是指大学文化作为一种育人环境和氛围，相对于其他社会现象而言，具有自身的特点和规律，同时，大学文化是在继承过去文化成果的基础上不断发展而来的。大学文化对社会潜在的推动作用主要表现在以下两个方面。

（1）大学文化通过作用于学生综合素质的提高为社会经济发展培养各种类型的人才。大学文化通过培养具有现代科学素质的专门人才，为社会经济的发展提供人才保障。

（2）大学文化通过文化创新对社会经济发展产生推动作用。大学文化作为社会先进文化的重要组成部分，利用自身拥有的人才优势和资源优势，通过科学研究对科学文化和人文文化进行创新，从而产生创新文化，创新文化通过社会桥梁转化成为先进生产力或社会先进文化对经济发展产生推动作用。

此外，大学文化本身所具有的批判精神决定了它会对社会经济发展进行理性思考，对社会经济发展过程中存在的问题进行探讨和纠正，从而有助于社会经济的健康可持续发展。

二、社会政治与大学文化的关系

社会政治和大学文化的发展是辩证统一的，社会政治的改革和发展有助于推进大学教育和大学文化的建设和发展；大学文化对社会政治的各项改革进行反思，从而推动政治进步。二者的关系主要表现在以下两个方面。

1. 社会政治对大学文化的影响。

无论是我国大学文化的发展史，还是西方大学文化的发展史都充分表明，社会政治的变化和发展直接会对大学教育和大学文化的变革和发展产生重大影响。社会政治是经济发展的集中体现，在上层建筑里处于核心地位。大学文化作为一种群体文化，亦属于上层建筑的范畴，因此不可避免地会受到社会政治的影响。

社会政治对大学文化的发展方向产生直接的影响；社会政治通过组织手段，对大学机构以及大学领导人产生影响，从而通过他们作用于大学文化；政府作为大学的主要投资者，通过投资大学教育时所附设的条款的“价值导向”，对大学文化发展产生影响；党和国家通过制定相关高等教育的政策、法律、法规，对大学文化进行着控制和管理，对大学人产生约束。此外，政府还通过组织力量对大学设置基准和教育质量进行评估等手段影响大学文化的建设和发展。

随着高等教育在国家参与国际竞争中地位的不断提高，国家通过各种方式促进大学教育和大学文化的发展，以培养更多的人才，提高国际竞争力。

总之，社会政治决定着大学文化的发展方向，理想的社会政治改革对大学文化发展产生了巨大的推动作用。

2. 大学文化对社会政治产生的影响。

大学具有相对独立的办学自主权和学术自由，在受到社会政治影响的同时，又会反作用于社会政治，对社会政治产生一定的影响。这种影响主要表现在以下两个方面。

（1）大学文化的批判功能推动社会政治的改革和发展。大学是追求真理的场所，大学文化是先进文化的重要组成部分。大学文化的批判精神决定了社会的各种现实问题都会引起大学人的关注和思考，从而形成新的文化或思潮，这些文化或思潮通过各种渠道会对社会政治产生影响。其影响主要表现在巩固或动摇社会政治秩序。没有对社会政治的关注和批判，大学文化的这种政治功能就难以实现，大学文化对社会发展的影响也就会受到限制。

为了促进社会政治的发展和进步，我们应该鼓励和支持大学人关心国家大事，关心社会现实。

（2）大学文化通过培养合格公民和各种政治人才对社会政治产生影响。无论什么时代，无论哪个国家，掌握政权的阶级都要通过教育来造就合格公民和培养政治人才来维护和巩固自己的统治。随着我国高等教育大众化时代的到来，大学教育和大学文化在这方面的作用日益重要。要使社会主义的政治民主化，使人与人之间建立起真正平等、友爱、合作的新型关系，就必须加强大学的思想政治工作，使人在成长的关键期受到良好的教育和训练，以形成新一代公民必备的良好素质和政治人才的综合素质。大学所培养出来的人才的政治面貌和思想素质，会对其他人产生影响，从而影响整个社会的政治面貌。

三、社会文化与大学文化的关系

社会文化是大学文化发展的大环境，大学文化的主体思想、主要内容的变化都会受到社会文化的影响和制约；同时，社会文化包含着各式各样的内容，既有精华，也有糟粕，大学文化是先进文化的重要组成部分，通过对社会文化的反思和批判弘扬先进文化，促进社会文化的健康可持续发展。

1. 社会文化对大学文化的影响。

大学文化是社会文化的重要组成部分，大学文化是置身于社会文化大背景下的一种独具特色的亚文化。从这个意义上讲，社会文化与大学文化是一般与特殊、共性与个性的关系。大学文化虽然是社会文化的子系统，但它是一个相对独立、稳定的子系统。大学文化在形成和发展过程中是开放的，而且是动态的。大学文化作为社会文化的子系统，不可避免地会受到社会文化的影响。

社会文化是大学文化的重要输入源，它对大学文化具有强烈的渗透作用，它影响和制约着大学文化的发展内容。大学文化一旦脱离社会文化，就会成为“无源之水、无本之木”，所以大学文化一般都在社会文化中积极地汲取营养，主动地选择和吸收社会文化中对其有益、能为其所用的东西，促进自身的健康发展。大学文化的地位决定了它的产生与发展都要受到社会文化的影响。

同时，社会文化与大学文化也存在着矛盾，这主要表现在两个方面，一是大学文化的现状不能满足社会文化发展的需要时，社会文化要求大学文化进行改革，以促进社会文化的发展；二是社会文化对相对先进的大学文化有时会产生排斥作用，使大学文化不能及时实现自己的社会价值，从而阻碍大学文化的发展。

总之，大学文化是社会文化的子系统，在其发展过程中会受到社会文化的重要影响和制约。

2. 大学文化对社会文化的引领作用。

大学文化作为先进文化的重要组成部分，对社会文化会产生能动的反作用，大学文化的发展对社会文化的进步和发展具有很强的促进作用，在某种程度上，可以起到对社会文化的引领作用。

大学文化对社会文化的引领作用主要是通过大学文化对社会文化的辐射作用和培养人才两种途径实现的。大学具有较强的人才优势和资源优势，大学通过学术研究等活动对社会文化进行反思和探讨，从而产生出创新文化，创新文化既包括对自然科学创新的成果，也包括人文科学创新的成果。创新文化通过转化、传播等手段对社会文化产生影响，引领着社会文化的某些方面快速发展；高校毕业生的大多数都会成为发展社会文化的主体和中坚力量，大学文化通过作用于高校毕业生对社会文化的发展起到引领作用。

四、社会科技与大学文化的关系

随着科学技术突飞猛进的发展，人们的思维方式、行为方式和生活习惯等发生了巨大的变化。社会科技的发展为大学文化的发展提供了物质技术支持，为大学生科学文化素质的提高带来了极大的便利；同时社会科技的发展对大学文化也提出了更高的要求。大学文化通过文化创新和培养人才促进科学技术的发展和进步。

1. 社会科技对大学文化的影响。

社会科技对大学文化的影响是深远的。纵观人类社会的发展，每一次科学技术的革命，都对大学教育和大学文化的变革和发展提出了严峻的挑战并产生了革命性的影响。科学技术是第一生产力。社会科技的进步和发展对大学文化的发展产生了巨大的推动作用，这主要表现在以下两个方面。

（1）社会科技的发展为大学文化进一步发展内涵奠定了基础。伴随着社会科技的发展，必然产生新的理论和新的文化内容，这些新理论、新思想最终会促成大学内新的学科不断涌现。科学研究的仪器日益先进，大学人的思想更加活跃，这一切都为大学文化进一步丰富自身内涵奠定了基础。

（2）社会科技的发展对大学文化提出了新的要求。社会科技的发展主要依靠大学培养的优秀人才和大学的创新文化，所以大学文化必须反映最新的科技发展情况，才能有助于优秀人才的培养和大学创新文化的不断发展。当然，任何事物都有利有弊，社会科技的发展对大学文化的发展产生了巨大的推动作用，但是负面效应也不可小视，如网络技术的应用就对大学文化的建设和发展产生了双面影响。在大学文化建设和发展过程中要积极发挥科学技术的推动作用，同时要预防和消除其消极作用。

2. 大学文化对社会科技的影响。

科学也是一种文化，大学文化也不仅仅是大学文化，它也是一种科学。大学文化和社会科技的关系是相互交织在一起的，你中有我，我中有你。21 世纪的大学，是培养和造就高素质人才的摇篮，是人们认识未知世界、探究真理的重要场所，是知识创新、推动科学技术健康发展的基地。

大学文化对社会科技的影响主要是通过培养人才和文化创新来实现的。大学文化是大学弥足珍贵的无形财富，是培养人才的重要资源，对大学生起着潜移默化的教育作用，它在潜移默化中熏陶着学生的性情、审美情趣和人文气质等，它对学生的全面发展起着重要作用。大学生毕业后参加工作，成为社会各行各业的中坚力量，在实际工作中推动着社会科技的发展。此外，大学文化还通过文化创新的方式对社会科技的发展产生重要的推动作用，促进社会科技的快速发展。

五、大学教育与大学文化的关系

大学文化与大学教育之间存在着密切的关系。大学教育的根本任务是培养德、智、体、美等方面全面发展的社会主义建设者和接班人，大学文化是大学教育的重要组成部分，大学文化的育人作用体现在大学教育的各个方面。大学教育是大学文化建设和发展的内在动力。

1. 大学教育对大学文化的影响。

随着知识经济时代的到来，社会对大学教育提出了更高的要求，培养创新型人才成为大学教育的主要任务。随着我国高等教育改革的深化和高校扩招政策的实施，一方面，高校获得了一定的办学自主权，为高校进一步改革和发展提供了动力；另一方面，大众化教育等因素导致高等教育的质量有所下降，多样且复杂的教育观念、教育体制和人才培养模式等对大学生的全面发展造成了不利影响。面对这样的形势，必须进一步深化高等教育改革，全面推进素质教育，提高大学生的综合素质。

大学文化是指以大学为载体，“大学人”在对知识进行传承、整理、交流和创新的过程中，形成的一种与大众文化或其他社会文化既相联系、又相区别的文化系统，育人是其主要的功能。大学教育与大学文化的主要目的都是育人，要培养创新型人才，在进行大学教育的时候，必须注意与大学文化建设相结合，发挥二者的统合作用。

2. 大学文化对大学教育的影响。

大学文化对大学教育的影响是潜移默化的，它对于大学实施的德、智、体、美等各育都会产生影响，其中主要是通过文化育人对大学生产生影响。大学文化与大学德育、智育、体育、美育的关系在前面的相关章节中已经详细谈过，这里不再赘述。

第二节　大学文化发展的未来趋势

随着经济全球化、政治多极化、文化多元化和高等教育国际化的发展，大学文化发展迎来了新的机遇，同时也面临着许多挑战，对于大学文化未来的发展必须要有长远的、清醒的认识，这样才能从一个整体的范围和长远的目标上思考大学文化。

1. 大学文化建设和发展将愈来愈重视国际化和民族化的有机结合。

随着高等教育日益走向国际化，国际化和民族化是大学文化在发展过程中必须处理好的一组矛盾。国际化与民族化是对立统一的，国际化强调的是大学文化的共性，表现出来就是加强大学文化的交流和合作；民族化强调的是大学文化的特殊性，表现出来的是大学文化的个性。随着高等教育国际化浪潮的兴起，具有不同历史传统和民族特色的文化之间的碰撞和融合，正成为历史发展的必然趋势。

我国大学文化发展起步晚，需要借鉴和吸收国外大学文化建设的先进经验，但这只是手段，不是目的，国际化并非西方化，更不能把某国当成国际化，我国的大学文化建设必须在借鉴和吸收西方国家先进办学经验的基础上，注重本国大学文化的特色建设。在此过程中，我国的大学文化必须固守本民族优秀的文化传统，同时善于理性地分析和借鉴国外具有人类普遍性和时代性的文化，并使之与本民族的优秀文化结合起来。

国际化和民族化只有有机结合起来，才能促进我国大学文化健康快速地获得发展。

我国大学文化在建设和发展过程中，要高度重视对广大师生开展爱国主义和中华优秀传统文化的教育，激发他们的民族自信心和自豪感；同时，要引导广大师生树立开放意识，积极学习和适应国际活动的规则，了解世界各国的文化和风俗，以平等、开放、兼容并蓄的态度去了解其他民族及其文化。

2. 大学文化建设和发展将愈来愈重视“特色”。

具有特色是一个大学的立身之本和发展之基，没有特色的大学是没有生命力的。不同层次、不同类型的大学的发展方向和办学重点是不同的，因而其发展必然有所区别，有所侧重，关键就是要突出特色，与之相适应的大学文化也必然反映和体现出大学特色，同时大学文化的构建和发展又将促进大学富有特色的改革和发展。

大学文化特色是大学文化在长期积淀和发展的过程中形成的、本校特有的、优于其他高校的独特的表征。特色是一个历史概念，没有一成不变的特色，即使某种特色形成了，它也必须在新时代以新的形式表现出来，大学文化的特色亦是如此。大学文化建设和发展必须根据本校的办学定位、历史传统、现实情况和发展战略等突出特色，从而促进大学和大学文化富有特色的发展，增强本校的核心竞争力。

3. 大学文化建设和发展将愈来愈重视自身批判作用的发挥。

我们身处经济全球化、政治多极化和思想多元化而且急剧转型的时代，一切现存的价值和行为规范都需要进行理性的反思，一切新生事物也同样需要经得起理性的反思和考验。大学是培养人才的地方，亦是先进文化的传播之地和创新之地，这就要求大学必须承担起应有的社会责任，发挥其批判功能。

大学具有的批判精神并不是外界力量强加的，而是源于大学的理想。科学的特性就是大胆质疑，追求真理需要不断超越他人和自我，进而引领社会发展。1998 年世界高等教育大会的主题报告——《21 世纪的高等教育：展望和行动世界宣言》指出，高等教育要不断对新出现的社会、经济、文化和政治趋势进行分析，加强自己的批判和前瞻功能，为社会提供预测、报警和预防信息。高等教育的批判功能受到前所未有的重视。

大学文化建设和发展过程中重视批判作用的发挥，就会使教师能够在工作中以严谨而科学的态度对待传统与现实，不盲从；就会使学生在学习的过程中不唯书、不唯上，只唯实；就会使大学在引领社会发展的过程中保持清醒的头脑，更加理智、负责任地发挥其批判功能。

4. 创新文化将在大学文化发展中处于核心地位。

创新在大学文化发展中的作用日益重要，无论是科研还是教学，世界一流大学都在倾力追求创新。我国的大学，在建设创新型国家的感召下，也都举起了创新的旗帜。有的大学在花重金引进“创新拔尖人才”，有的大学在设法改善硬件条件。几乎所有大学都把培养创新型人才作为目标。这些创新举措都是理性的，但大学文化的创新仅仅依靠这些是不够的。创新不仅是行动和方法，而且涉及“目的理性”和精神理念，所以，创新本身也是一种文化。

创新文化是科学文化和人文文化融合的结晶，创新文化既体现科学精神，又体现人文精神。对于创新文化来说，既要关注科学的逻辑性和实证性，又要关注相应的自由探索的精神、勇于批判的精神和大胆创新的精神。创新文化积极倡导的创造性思维，如联想、直觉、灵感等是牛顿、爱因斯坦等科学家取得成功的重要法宝。正如爱因斯坦所说的那样，“提出一个问题往往比解决一个问题更重要。因为解决一个问题也许仅是一个数学上的或实验上的技能而已，提出新的问题、新的可能、从新的角度看旧的问题，却需要有创造性的想象力，标志着科学的真正进步”。①

总之，在构建和发展大学文化的过程中必须将创新文化放在核心地位，塑造具有时代特征的大学理念和大学精神，努力营造一种创新人才辈出的文化氛围，充分调动和发挥高校各类人才的积极性和创造性，形成鼓励人才干事业、支持人才干成事业、帮助人才干好事业的环境，真正让大学文化在创新中不断发展。

5. 坚持科学精神和人文精神的有机统一是大学文化建设和发展过程中必须坚持的基本原则。

人文教育与科学教育的结合一直是西方大学教育致力的理念，也是世界大学教育现在乃至未来的发展趋势。② 通过对国内外大学教育发展的历程进行梳理，我们发现，在人类教育的发展史上，人文教育和科学教育作为两种重要的教育思想在不同的历史时期都曾占据过主导地位，致力于人文教育和科学教育的有机结合是绝大多数教育家的一贯主张。大学文化作为大学教育的重要形式，在潜移默化中对大学人产生影响，注重坚持科学精神和人文精神的有机统一应是大学文化建设和发展必须坚持的一项基本原则。

当前，我国大学人文教育的处境虽然有所改观，但总体上看人文教育还有许多尴尬和无奈。在大学文化建设过程中坚持科学精神和人文精神有机统一的原则，不但有助于我国大学文化的健康发展，而且有利于大学的和谐可持续发展和学生的全面发展。

6. 构建与“终身教育”思想相适应的大学文化将愈来愈成为大学文化建设和发展的重要特征之一。

随着社会和科学技术的迅猛发展，“终身教育”思想得到了极大的传播和认同，世界各国几乎所有大学都承担了继续教育和成人教育的任务，一些国家甚至明文规定，大学的任务不是只承担普通教育这一培养任务，而是普通教育和继续教育、成人教育的双重培养任务。为适应这种终身教育的趋势，高等教育将进一步由封闭走向开放，高

---

① 爱因斯坦、英费尔德著，周肇威译：《物理学的进化》，上海科学技术出版社 1962 年版。

② 张金福：《人文教育与科学教育结合研究》，浙江大学出版社 2006 年版。

等教育的时、空观将进一步被打破，人们为了自己的发展可以随时进入高校“充电”的可能性将不断增大。目前尚处于隔离状态的正规高等教育与非正规高等教育、正式与非正式高等教育的界限将会逐渐缩小乃至完全消失，各种高等教育之间的联系将更加紧密，大学文化作为高等教育的重要组成部分，其发展必然也要反映这种变化。至于如何构建这种与“终身教育”思想相适应的大学文化是我们今后在理论和实践中需要研究和探讨的问题。

7. “以人为本”理念在大学文化建设和发展中将得到越来越多的体现。

随着社会的发展，尤其是我国构建和谐社会和科学发展观的提出，“以人为本”理念在大学和大学文化建设中日益受到重视。坚持以人为本，一方面要坚持以学生为本，另一方面要坚持以教师为本。高校最主要的任务就是为国家培养优秀的建设人才和合格的接班人，所以高校必须以学生为本，以学生的发展为本。

坚持以学生为本，就要求高校在制定学校发展目标、调整教育内容和改革教学方法等方面都要把学生的全面发展作为工作的出发点和落脚点；同时，要尊重学生，理解学生，爱护学生，帮助有困难的学生，使每一位学生都得到全面和谐发展。

坚持以教师为本，就是要调动教师工作的积极性和主动性，发挥教师的主体作用。教师作为学校育人任务的主要承担者，在学生和学校发展中起着主导作用，高校必须高度重视教师的地位和作用，坚持全心全意为教师服务，切实保障他们的合法权益，想方设法解决他们的实际困难，积极改善他们的工作和生活条件，同时为他们“充电”提供方便，从而最大限度地调动他们的工作热情，为学生和高校的发展贡献自己的聪明才智。

8. 大学文化建设和发展愈来愈注重从“传统文化”和“外来文化”中汲取营养。

大学文化作为社会文化的重要组成部分，其建设和发展必然离不开传统文化和外来文化。随着高等教育发展的不断加快，大学文化也必须适应这种历史潮流，加快其发展速度，从“传统大学文化”和

“外来大学文化”中汲取营养便是十分有效的途径。传统大学文化作为历史的积淀物，必然是玉石俱存、鱼目混珠，要想其对当代大学文化建设和发展产生推动作用，必须在批判的基础上继承，取其精华，弃其糟粕。

中国大学文化作为世界大学文化的重要组成部分，必须注重从国外文化中汲取营养。对于外来大学文化，我们不但要批判地吸收，还需要改造创新。对传统大学文化的批判和继承、对外来大学文化的借鉴和创造、对未来文化的设计和追求，三者紧密结合，必然会促进我国大学文化健康可持续的快速发展。

9. 大学文化建设和发展将愈来愈重视理论研究。

大学文化建设和发展，有赖于理论的指导，这种指导随着大学文化的发展而显得愈为迫切。我国大学在发展过程中，许多学校形成了自己的办学特色，同时我国传统文化中蕴涵着许多优秀的大学文化思想，总结和研究大学文化可以加深我们对大学文化的理性认识，增强大学文化建设的自觉性，对于大学文化的建设和发展将起到指导作用。

此外，随着高等教育国际化趋势的加快，加强对国外大学文化的研究和理论引进，促进我国大学文化理论研究的发展，对于我国大学文化建设和发展也将起到积极的推动作用。理论指导实践，实践检验和发展理论，二者的共同作用必将促进我国大学文化的大发展和大繁荣！

参考文献

［1］毕红升：《论构建和谐社会中的大学文化》，载《学校党建与思想教育》2005 年第 2 期。

［2］陈晓文：《和谐社会建设中大学文化体系构建的思考》，载《中国高教研究》2008 年第 8 期。

［3］程斯辉：《中国近代著名大学校长办学的八大特色》，载《高等教育研究》2008 年第 2 期。

［4］冯　刚：《文化的功能与文化素质教育》，载《中国高等教育》2009 年第 3 期。

［5］贺建民、邓成超、肖蕙蕙：《大学的文化使命及和谐大学文化构建研究》，载《国家教育行政学院学报》2007 年第 9 期。

［6］胡显章：《大学要注重发展和谐的大学理念》，载《中国高教研究》2007 年第 11 期。

［7］梁金霞：《和谐文化：大学文化建设的使命》，载《高校教育管理》2008 年第 1 期。

［8］李　军：《论高等教育在和谐文化建设中的引领作用》，载《中国高教研究》2007 年第 11 期。

［9］李　莉：《论和谐理念对我国大学文化的影响——以价值判断为视角》，载《黑龙江高教研究》2008 年第 2 期。

［10］李宣海：《用大学文化引领高校内涵发展》，载《教育发展研究》2007 年第 1 期。

［11］李延保：《现代大学文化精神与历史传承》，载《新华文摘》2005 年第 5 期。

［12］林建鸿：《论现代大学文化的建构》，载《教育评论》2007 年第 5 期。

[13] 刘 魁：《创新风险、社会和谐与大学文化引领的新趋向》，载《黑龙江高教研究》2008 年第 5 期。

[14] 刘青秀：《由〈论语〉看孔子的教育对象观》，载《现代大学教育》2008 年第 3 期。

[15] 潘晴雯：《大学在构建额和谐社会中的责任》，载《理论导刊》2007 年第 11 期。

[16] 平 旭：《全球化与大学文化建设的对策》，载《教育与职业》2005 年第 29 期。

[17] 尚 钢：《坚持科学发展的办学理念，建设社会主义和谐大学——关于新时期大学办学理念的思考与实践》，载《中国高教研究》2007 年第 9 期。

[18] 申作青：《当代大学文化论——基于组织文化子系统视野的认知与探索》，浙江大学出版社。

[19] 谢和平：《建设教育强国与大学的使命》，载《中国高等教育》2008 年第 1 期。

[20] 王 革、刘艳艳、贾俊刚：《高等教育推进和谐文化建设之思考》，载《中国高教研究》2007 年第 6 期。

[21] 王建华：《从中国式大学到大学的中国模式》，载《现代大学教育》2008 年第 1 期。

[22] 王 杰、张 鹏：《美国大学文化的特点及对我们的启示——对美国四所大学的考察分析》，载《广西高教研究》2001 年第 6 期。

[23] 王文胜、马跃如：《〈大学〉教育思想的现代解读》，载《现代大学教育》2008 年第 3 期。

[24] 王智平、王瑞祥：《和谐文化建设与现代大学管理》，载《中国农业教育》2008 年第 2 期。

[25] 文 君、陈海燕：《大学文化的培育与创新》，载《高等教育研究》2005 年第 12 期。

[26] 吴宗元：《大学文化的品格追求》，载《中国成人教育》2008 年第 8 期。

[27] 颜廷兰：《构建社会主义和谐社会进程中大学的历史使命》，载《山东社会科学》2007 年第 8 期。

[28] 张安哥、甘永涛：《西方大学理想的嬗变、模式、挑战与应答》，载《新华文摘》2008 年第 19 期。

[29] 章仁彪：《走出“象牙塔”之后：大学的功能与责任》，载《中国高教研究》2008 年第 1 期。

[30] 张为清：《塑造大学精神，建设和谐大学——学习“十七大”精神的一点体会》，载《安徽工业大学学报》（社会科学版）2008 年第 2 期。

[31] 张永华、樊亚东、李彦武：《论大学文化理念的建设》，载《中国成人教育》2008 年第 5 期。

[32] 张治理：《论大学制度建设与大学精神培育》，载《中国高教研究》2006 年第 3 期。

[33] 王智平等：《大学素质教育论》，兰州大学出版社 1999 年版。

[34] [西班牙] 奥尔特加·加塞特著，徐小洲、陈军译：《大学的使命》，浙江教育出版社 2001 年版。

后　记

依照成例，在一部写作即将问世之际，作者总要在正论之后说几句话。笔者入乡随俗，赘述三五笔，以表达此时的心情。《大学》中有这样一句话："大学之道，在明明德，在亲民，在止于至善。"大学教育和发展的最终目的是培养具有美好思想境界和行为的人，这也是大学服务社会的最终价值追求。要实现这个目标，充分发挥大学在引领时代发展中的作用，关键是要建设和发展大学文化。

大学从本质上来说是文化机构，它不仅承担着继承、传播和创新文化的使命，而且还承担着培养和塑造社会化、文明化和个性化的"至善"之人的使命。大学文化既是追求真理和人生理想的文化，也是提倡理论联系实际和严谨求实的文化；既是崇尚学术自由和高尚道德情操的文化，也是具有强烈社会责任感和创新意识的文化。大学文化是大学的灵魂，是增强大学核心竞争力的关键所在。因此，研究如何更好地建设大学文化已成为每一所大学无法回避的责任，也是每一个大学教育工作者应尽的义务。

本书从研究大学文化的目的和意义入手，通过对我国和西方国家大学文化的发展与特点的简要回顾和总结，以期能够为我国当代大学文化的建设提供一些启示；通过对大学文化的结构与功能、大学理念、大学精神、大学使命等基本理论问题的阐述，以期强化我们对当代大学精神、大学理念、大学使命等理论的审视和实践认知；通过对大学文化建设及其与之相关联的和谐大学文化建设、大学素质教育等主要内容的概述，意在更好地促进大学文化建设；通过对当代大学文化建设取得的成就、存在的问题的探讨，提出了一些富有针对性的对策与建议；通过对大学文化与社会经济、政治、文化、科技、大学教育等方面的关系的简要讨论，并在此基础上对我国大学文化发展的未来趋势进行了一些预测。

近些年来，笔者作为长期在高校从事教学、研究和管理工作的教育工作者，一直在思考大学文化及其相关问题，并查阅了一些资料。换句话说，就是边实践、边学习、边研究。今不揣冒昧，在借鉴许多专家、学者研究成果的基础上，完成了本书的写作。毋庸讳言，数量硕大的著述并不能代表研究大学文化的理论已达到完整、深刻、成熟的境地，反而透露出还有许多未知的路要走下去。拙著参阅的主要文献，已在注释和文后附录作了说明，在此特向各位专家、学者表示谢忱。若有遗漏，恳请谅察。

在书稿付梓之时，我们既感欣慰，又觉不安。欣慰于多年的夙愿变为现实，不安于由于作者水平所限，书中难免有不妥之处，恳请各位读者批评指正！作者不敢企望本书能推动大学文化建设不断向前发展，唯愿对其理论研究方面有所裨益。

最后，我们对为本书出版工作付出辛勤劳动的中国社会科学出版社四编室主任任明先生及其他同仁表示衷心的感谢！

以上言说，权且为跋。

作者

二〇〇九年七月六日于兰州